Sicher ist sicher. Bei aller Sorgfalt, die wir in der Recherche haben walten lassen, können sich Öffnungszeiten auch einmal kurzfristig ändern, oder ein Lokal ist gerade in Ihrer perfekten Tessin-Woche ausgebucht oder geschlossen. Darum empfehlen wir, grundsätzlich möglichst weit im Voraus zu reservieren. Ein kurzer Anruf genügt, und Sie können sicher sein, zur vereinbarten Zeit einen Platz zu finden.

für die Süddeutsche Zeitung Edition
in Kooperation mit smart-travelling print UG, Berlin
Reihe „Eine perfekte Woche ..."

Konzept und Redaktion: Nancy Bachmann, Nicola Bramigk
Projektleitung: Sabine Sternagel
Projektmitarbeit: Hanna Heim
Coverkonzept: Stefan Dimitrov, Lena Mahr
Gestaltung und Illustration: Tanja Riccius
Texte: Karolin Langfeldt
Fotos: Nicola Bramigk, Katharina Gossow S. 126-129, 154-161
Lektorat: Jens Markowsky
Herstellung: Thekla Licht, Hermann Weixler
Druck und Bindung: Kessler Druck + Medien, Bobingen
ISBN: 978-3-86497-284-3

1. Auflage 2015

SMART
TRAVELLING

EINE PERFEKTE WOCHE …
TESSIN

www.smart-travelling.net

LIEBLINGSADRESSEN IM TESSIN

AUF DEM WEG INS TESSIN — COMO

Seite 12

1 Café:
Beretta il Fornaio
Piazza Boldoni 15, 22100 Como/Italien
Tel: 0039 (0)31 264159
Seite 14

2 Restaurant:
Osteria del Gallo
Via Vitani 16, 22100 Como/Italien
Tel: 0039 (0)31 272591
Seite 20

3 Aktion:
Brunate – Seilbahnfahren und Wandern

Seite 28

MALCANTO UND LUGANO

Seite 32

4 Hotel:
Albergo della Posta
Via Trezzini, 6999 Astano/Schweiz
Tel: 0041 (0)91 6083265
Seite 34

LIEBLINGSADRESSEN IM TESSIN

5 Restaurant:
Grotto della Salute
Via dei Sindicatori 4,
6900 Massagno/Schweiz
Tel: 0041 (0)91 9660476
Seite 44

6 Restaurant:
Grotto Morchino
Via Carona 1, 6912 Lugano Pazzallo/
Schweiz
Tel: 0041 (0)91 9446044
Seite 50

7 Hotel:
Villa Carona
Piazza Noseed, 6914 Carona/Schweiz
Tel: 0041 (0)91 6497055
Seite 54

8 Restaurant:
Grotto dell'Ortiga
Strada Regina 35, 6928 Manno/
Schweiz
Tel: 0041 (0)91 6051613
Seite 58

9 Hotel:
Guesthouse Arosio B&B
Arosio di Sotto 82, 3639 Arosio/
Schweiz, Tel: 0041 (0)79 2107659
Seite 64

10 Hotel:
Casa Santo Stefano
6986 Miglieglia, Malcantone/
Schweiz
Tel: 0041 (0)91 6091935
Seite 70

LIEBLINGSADRESSEN IM TESSIN

11 Restaurant:
Grotto al Ceneri
6802 Rivera/Schweiz
Tel: 0041 (0)91 9464060
Seite 82

12 Hotel:
Fattoria l'Amorosa Agriturismo
Via Moyar, 6514 Sementina-Gudo/
Schweiz, Tel: 0041 (0)91 8402950
Seite 88

13 Aktion:
Locarno

Seite 96

14 Hotel:
Tentazioni
Via Cantonale, 6654 Cavigliano/
Ascona/Schweiz
Tel: 0041 (0)91 7807071
Seite 108

15 Hotel:
Palazzo Gamboni
6663 Comologno, Valle Onsernone/
Schweiz, Tel: 0041 (0)91 7806009
Seite 120

16 Aktion:
Bagni di Craveggia

Seite 126

LIEBLINGSADRESSEN IM TESSIN

17 Restaurant:
Grotto America
Via ai Grotti 71, 6652 Ponte Brolla/
Schweiz, Tel: 0041 (0) 91 7962370
Seite 130

18 Hotel:
Grotto Pozzacs
6695 Peccia/Schweiz
Tel: 0041(0)91 7551604
Seite 136

19 Restaurant und Hotel:
Ristorante della Stazione
„Da Agnese e Adriana“
6655 Intragna/Schweiz
Tel: 0041 (0) 91 7961212
Seite 142

20 Hotel:
Ristorante Centovalli
6652 Ponte Brolla/Schweiz
Tel: 0041 (0) 91 7961444
Seite 146

21 Aktion:
Capanna lo „Stallone“
Casella postale 4, 6600 Locarno/
Schweiz, Tel: 0041 (0) 91 7436146
Seite 154

22 Aktion:
Tinoleggio Barche
Via Mariani 4, 6600 Muralto/
Schweiz
Tel: 0041 (0)79 9617947
Seite 162

23 Café:
Pasticceria Marnin
Piazza San Antonio, 6600 Locarno/
Schweiz, Tel: 0041 (0)91 7517187
Seite 166

ASCONA, BRISSAGO & CANNOBIO

Seite 170

24 Hotel:
Monte Verità Bauhaus-Hotel
Strada Collina 84, 6612 Ascona/
Schweiz, Tel: 0041 (0)91 7854040
Seite 172

25 Restaurant:
Da Gina
Viale Monte Verità 19, 6612 Ascona/
Schweiz, Tel: 0041 (0)91 7912740
Seite 178

26 Café:
Pasticceria Zanzottera
Via R. Leoncavallo 38, 6614 Brissago/
Schweiz, Tel: 0041 (0)91 7931550
Seite 182

27 Restaurant:
Osteria Borei
Via Ghiridone c.p. 263, 6614 Brissago/
Schweiz, Tel: 0041 (0)91 7930195
Seite 188

☞ Weitere Adressen finden Sie unter www.smart-travelling.net

28 Restaurant:
Osteria Boato
Viale Lungolago, 6614 Brissago/ Schweiz, Tel: 0041 (0)91 7809922
Seite 196

29 Restaurant:
Scurone Bottega e Grottino
Piazza Vittorio Emanuele III – Traversa Scurone 7, 28822 Cannobio/Italien
Tel: 0039 334 8347533
Seite 200

GUT ZU WISSEN
Tipps, Ausflüge, Spaziergänge
Seiten 209-240

TESSIN – DOLCE VITA AUF SCHWEIZER ART

Das Tessin vereint das Schönste aus dem mediterranen Lifestyle Italiens mit den Vorzügen der Schweizer Disziplin und dem urigen Alpenleben. An den Seepromenaden um den Lago Maggiore und den Luganer See wachsen Palmen, Magnolien und Akazien. Dichte Tannenwälder und rot schimmernde Kastanienhaine ziehen sich die Bergflanken hoch. Rauschende Gletscherflüsse bahnen sich ihren Weg durch die Täler und tiefblaue Seen locken zum Planschen. Zum Frühstück wird Käse aufgetischt, so würzig, wie ihn nur die Schweizer hinkriegen und abends gibt es Wein und ein Risotto, das jede italienische Mamma stolz machen würde. Überall hört man den wohlklingenden Singsang des Italienischen, doch leiser, zurückhaltender. Der italienischsprachige Kanton Tessin ist der südlichste Kanton der Schweiz und liegt schon fast in Italien. Zur Schweizer Seite separieren ihn hohe schroffe Berge, die zum südlichen Nachbarn hin sanft auslaufen. Es ist Italien piano: Keine hupenden Autos, wilde Gestiken oder überbordende Pracht. Doch auch wer Kuhglocken und Lederhosen sucht, wird hier nicht fündig.

Das Tessin ist weder Schweiz noch Italien. Im Laufe der Jahrhunderte hat es sich seinen ganz eigenen Style geschaffen: La Dolce Vita à la Tessin. Man genießt, ohne im Überfluss zu frönen; man ist aufgeschlossen, doch bewahrt Vorsicht; man zeigt was man hat und doch protzt man nicht; man bewahrt sich die mediterrane Entspanntheit, genau wie nordische Disziplin; man zelebriert Hüttenromantik und Seepromenadenflair. Das Tessin hat sich das Beste aus beiden Ländern ausgesucht und ist damit eine einmalige Reisedestination – irgendwo zwischen Palmen und Kastanien.

AUF DEM WEG INS TESSIN – COMO

Die schönsten Orte dieser Welt sind oft nicht einfach zu erreichen. Das macht einerseits ihren Charme aus und andererseits schützt es sie davor, von Touristen überrannt zu werden. Ähnlich geht es dem Tessin. Die kleine Bergregion im Süden der Schweiz hat nur einen kleinen eigenen Flughafen in Lugano, der von Deutschland aus jedoch nicht angeflogen wird. Bleibt nur noch die Bahn, das Auto oder Mailand. Die italienische Metropole liegt eine knappe Stunde vom Tessin entfernt. Der Weg von Mailand ins Tessin führt über Como. Die 85 000 Einwohner zählende Stadt in der Lombardei verlangt nach einem Zwischenstopp. Schließlich begeisterte Como schon George Clooney so sehr, dass er sich eine Villa am See zulegte und seitdem die Region regelmäßig in die internationale Klatschpresse bringt. Mauer an Mauer mit Clooney leben Schweizer Millionäre und russische Oligarchen. Dementsprechend teuer sind die Restaurants und Hotels entlang des Comer Sees. Nur Como hat sich seine italienische Gelassenheit trotz Hollywood-Prominenz nicht nehmen lassen. Hier geht alles seinen gewohnten Gang. Ältere Herren cruisen mit ihren Fahrrädern samt Dackel im Korb durch die kleinen Straßen, während ihre Frauen mit Stock und Heels die Einkäufe erledigen und die Jugend hängt cool am alten Hafen ab. Como hat sich seine Authentizität bewahrt, was vielleicht auch daran liegt, dass viele herkommen um weiterzuziehen – in die kleinen Dörfer, die sich um den See gruppieren oder mit der Seilbahn den Berg hinauf nach Brunate, zu einer Bootstour auf dem See oder weiter ins Tessin. Gönnen Sie sich Zeit in Como und besuchen Sie die Bäckerei Beretta il Fornaio, essen Sie Pistazieneis bei Anna oder kehren Sie auf Wein und Pasta bei Signore da Toma ein.

TIPO FERRARESE
LONCINO ALLE NOCI

BERETTA IL FORNAIO

Seit über 50 Jahren wird in der Bäckerei Beretta das Nuvola hergestellt, eine Art Brioche, das, laut Verkäuferin, im Mund zergeht wie Butter. Es ist die Spezialität des Hauses und der Teig hat tatsächlich eine ganz besonders weiche, fluffige Konsistenz. Die Bäckerei liegt in der Altstadt von Como, nur wenige Meter vom See entfernt an der Piazza Boldoni. Beim Betreten des Ladens befällt einen sofort ein heimeliges Gefühl. Der Geruch von frisch gebackenem Brot liegt in der Luft und die Kellnerinnen mit ihren Baskenmützen und blau-weißen Schürzen hantieren eifrig hinter der Theke. Das Beretta ist bei Einheimischen und Touristen gleichermaßen beliebt, so beliebt, dass sich an manchen Tagen die Schlange bis nach draußen zieht. Doch das Warten lohnt sich. Neben dem Nuvola locken Amaretti, Krapfen, Tarte au Citron, Focaccia und Pizza sowie eine weitere Spezialität aus der Region – das auf traditionelle Art und Weise gebackene Sauerteigbrot.

In der Bäckerei Beretta kann man wunderbar seinen Picknickkorb füllen für einen unkomplizierten Lunch am Comer See oder als Snack für den Bootsausflug. Wer lieber vor Ort essen möchte, der sollte das dazugehörige Café in der Via Tentorio 20 besuchen.

1 Beretta il Fornaio Adresse: Piazza Boldoni 15, 22100 Como/Italien
Tel: 0039 (0)31 264159 Internet: www.facebook.com/berettailfornaio
Öffnungszeiten: Montag – Samstag 8.00 – 19.00 Uhr

Cod. 12
PAGNOTTA - FILONE
CON SEMOLA DI GRANO DURO DI ALTAMURA
€ 4,25 al Kg
Sostanze allergeniche: glutine
Pane tipo "00" con olio d'oliva
Cod. 46
PANFOCACCIA
€ 5,40 al Kg
Sostanze allergeniche: glutine
BAGUETTE
€ 5,10 al Kg

PANE AL FARRO
Pane tipo "00" con crusca
Cod. 28
CRUSCHELLE
€ 5,30 al Kg
Sostanze allergeniche: glutine.
Pane tipo 00
Cod. 41
MINI PARIGINE
€ 3.85 al kg
Sostanze allergeniche: glutine.

☞ Bolla

Die Pasticceria Bolla wird seit über hundert Jahren von der Familie Carenzio geführt. Es begann mit dem Großvater von Anna Carenzio, der heutigen Besitzerin, der mit seinem Milchwagen von Tür zu Tür zog. Seitdem hat sich viel getan und es heißt, die Milchprodukte und das Eis seien die besten in Como. Trotz des Ruhms steht Anna persönlich hinter der Theke und berät Eisliebhaber leidenschaftlich. Die Spezialität des Hauses sind Vanille und Sahne. Alle Sorten sind ohne Farb- und Geschmacksstoffe und aus biologischen Zutaten.

Adresse: Via Pietro Boldoni 6, 22100 Como/Italien
Tel: 0039 (0)31 264256, Internet: www.cremeriabolla.it
Öffnungszeiten: Täglich ab 10.00 Uhr

Bofla
1893 cremeria
Bofla
Cremeria

OSTERIA DEL GALLO

Was Osteria del Gallo bedeutet, erschließt sich auch dem Nicht-Italophilen gleich beim Betreten des Restaurants: Auf Bildern, Zeichnungen, Fotografien oder als Figuren – überall zieren Hähne die Wände. Dazu kommen rot-weiß karierte Tischdecken, rustikale Holzstühle, Fliesen, Regale gefüllt mit Weinflaschen und eine alte Holzdielendecke. Es ist ein buntes Durcheinander, in dem es kaum einen freien Platz gibt. Signore de Toma, der Besitzer der Trattoria, weist einem eigenhändig den Platz zu und wer Glück hat, erfährt einen Schwank aus seinem Leben oder erhält Tipps aus der Region. Genauso traditionell wie die Einrichtung ist auch die Küche. Serviert werden Spezialitäten aus der Region und italienische Klassiker, wie Maccheroni mit Auberginen und Ricotta, Zuppa di Faro (Getreidesuppe) oder Bresaola. Die Speisekarte wechselt täglich und richtet sich nach Saison und Angebot. Alle Zutaten sind frisch. Signore de Toma würde nie etwas Konserviertes oder Eingefrorenes verwenden. Dazu werden Weine aus der dazugehörigen Enothek serviert. Auch bei ihnen legt da Toma Wert auf Regionalität und ökologischen Anbau. Man findet viele Weine von kleinen Bauern aus der Region, die aufgrund ihrer Größe, nicht ihrer Qualität, in Deutschland unbekannt sind.
Die Osteria del Gallo ist all das, wofür wir Italien lieben: Sie ist lebhaft, herzlich, authentisch und köstlich.

2 Osteria del Gallo Adresse: Via Vitani 16, 22100 Como/Italien
Tel: 0039 (0)31 272591 Internet: www.osteriadelgallo-como.it
Öffnungszeiten: Montag 9.00 – 15.00 Uhr, Dienstag – Samstag 9.00 – 22.00 Uhr
(Küche geöffnet von 12.30 – 21.00 Uhr)

Le Grappe
STORICA
SIBONA
DOMENIS
VIGNA PETRUSSA
TORCOLATO
RISERVA STORICA
SGNAPE DAL CHECO
GRAPPA
PAGURA
Grappa di Vinaccia

OSTERIA del GALLO
COMO - TEL. 27.2591
VIA VITTANI N° 16

☞ Sofia

Auf den ersten Blick deutet nichts in der Boutique Sofia darauf hin, dass man sich in einem Second-Hand-Laden befindet. Antike Möbel, alte Deckengewölbe, edle Fliesen und Minimalismus lassen eher auf einen teuren Szeneladen schließen. Schön präsentiert liegen auserwählte Kaschmirpullis in den Regalen und an den Kleiderstangen hängen Burberrymäntel, Seidenblusen und Lederjacken, die aussehen wie neu. Nur der Preis verrät, dass die Kleidungsstücke schon einen Vorbesitzer hatten.

Adresse: Via Vitale 35, 22100 Como/Italien
Öffnungszeiten: Montag – Samstag 10.00 – 12.30 Uhr
und 14.30 – 19.00 Uhr

☞ Lopez

Etwas abgefahrener geht es gegenüber in der Boutique Lopez zu. Alte Sonnenbrillen im Stil von Elizabeth Taylor oder Zsa Zsa Garbor, Vintage-Ballkleider und Hochzeitskleider aus den 50er- und 60er-Jahren sind hier zu finden sowie Hüte, mit denen man bei einem britischen Derby locker mit der königlichen Familie mithalten könnte. Hauptsache glamourös, scheint das Motto zu sein. Es ist ein Shop für Diven und alle, die es etwas exzentrischer mögen.

Adresse: Via Vitale 32, 22100 Como/Italien
Öffnungszeiten: Montag – Samstag 10.00 – 12.30 Uhr und 14.30 – 19.00 Uhr, Dienstag geschlossen

BRUNATE – SEILBAHNFAHREN UND WANDERN

Seit 1894 verbindet die Seilbahn Como und Brunate und ist bis heute die schnellste Verbindung zwischen den beiden Städten. Anfangs wurde sie noch mit Dampf angetrieben, doch seit 1911 läuft sie mit Strom. Zudem bietet sie unvergleichlich schöne Ausblicke über Como und den Comer See. Oben angekommen, befindet man sich in der knapp 2000-Seelen-Gemeinde Brunate. Es ist ein hübscher Ort mit zahlreichen Jugendstilvillen, und trotz seiner bescheidenen Größe kann Brunate mit vier Kirchen aufwarten. Es ist Ausgangsort von zahlreichen Wanderwegen. Zu den schönsten Wanderwegen und deswegen auch bekanntesten zählt der Dorsale del Triangolo Lariano, auf deutsch auch Comer-See-Höhenwanderweg. Er führt auf dem Höhenrücken zwischen dem Comer See und dem Lecco See (südöstlicher Arm des Comer Sees) entlang und bietet zahlreiche spektakuläre Ausblicke über die Seen und die umgebenden Alpengipfel. Der Weg führt weitgehend abseits der Straße entlang durch Wiesen und Wälder. Er endet in Bellagio und man benötigt zwischen 8 und 10 Stunden. Er eignet sich auch gut für eine zweitägige Wanderung, da mehrere Hütten unterwegs liegen. Wem das zu viel ist, bzw. wer gerne wieder an seinen Ausgangspunkt zurückkehren möchte, kann zu Fuß den Abstieg nach Como antreten oder von Brunate den Rundwanderweg nach Tormo und zurück nach Brunate laufen (knapp 17 km). Als letzte Option bleibt natürlich auch immer, mit der Seilbahn einfach wieder herunterzufahren.

3 Internet Seilbahn: www.funicolarecomo.it

MALCANTO UND LUGANO

Sanft geschwungene, saftig grüne Hügel, dicht gewachsene Wälder, uralte Kastanienhaine, schmale Bergstraßen und winzige Dörfer – das ist der Malcantone. Malcantone bedeutet auf Deutsch soviel wie „der schlechte Kanton". Wie genau die Region zu diesem Namen kam, ist nicht geklärt, hat aber wahrscheinlich einerseits seinen Ursprung darin, dass die Gegend auf Grund ihrer Grenzlage zu Italien in der Vergangenheit viele Schmuggler anzog und andererseits, dass die Region bis heute die ärmste der Schweiz ist. Jahrhundertelang lebte man hier hauptsächlich von einem Produkt: der Kastanie. Sie war das Hauptnahrungsmittel der Bergdörfer. Auch heute begegnet einem von Agno am Luganersee bis hin zum Monte Lema auffällig oft die Kastanie in Form von Kastanienbrot, Kastanienpüree und Kastanienpasta.

Lange Zeit war die Region in Vergessenheit geraten. Man sonnte sich lieber in Lugano, als die serpentinenreichen Straßen hoch in den Malcantone zu fahren. Zum Glück, denn dadurch konnte die Gegend sich ihre Ursprünglichkeit bewahren. Neubauten gibt es hier kaum, stattdessen rustikale, niedrig gebaute Steinhäuser oder verwitterte Häuschen im Malcantoneser Stil mit römischen Arkadenbögen. Fast meint man, die Postkutsche biegt gleich um die Ecke und man wäre mit einem Esel statt mit einem SUV unterwegs. Nur Strommasten weisen darauf hin, dass man sich im 21. Jahrhundert befindet.

Ganz anders in Lugano – hier trifft sich die internationale Schickeria. Wie die Zugvögel kommen sie jeden Sommer in die luxuriöse Stadt am See, um sich bei der frischen Bergluft und den zahlreichen Sonnentagen vom stressigen Alltag in Mailand, Zürich oder München zu erholen.

ALBERGO DELLA POSTA
RISTORANTE – TERRAZZA

ALBERGO DELLA POSTA

Rosa kuschelt sich die Albergo della Posta in die Berge von Monteggio, von der Veranda eröffnet sich einem ein weiter Blick ins Tal und durch das Fenster weht frische Bergluft. Seit 1888 zieht die alte Villa, die einst die Post des Dorfes war, Gäste in das abgelegene Örtchen Astano. Lange hielt sich das Hotel nur ebenso am Laufen, die Region war arm und für den Tourismus noch wenig erschlossen. Doch dann nahm der Fotograf Eugen Schmidhauser die falsche Postkutsche, landete im Albergo della Posta, verliebte sich in die Tochter und verhalf dem Hotel zu neuem Aufschwung. Das Hotel ist nach wie vor in den Händen der Familie Schmidhauser, wird aber seit November 2013 von Franziska und Alex Beeler geleitet. Während er sich mit regionalen Produkten und auserwählten Weinen um das kulinarische Wohl der Gäste kümmert, nimmt sich Franziska der Seele an. Als Körpercoach und Therapeutin bietet sie Yoga-Seminare und andere Workshops an.

Die Zimmer des Hotels sind schlicht, aber liebevoll mit alten Holzmöbeln eingerichtet. Es gibt keine Fernseher und auch sonst nichts, was die Ruhe stört. Im alten Hauptgebäude des Hotels befinden sich die vier Vintage-Zimmer. Nebenan im Casa Nicoletta, das in einem Teil des Palazzo de Marchi aus dem 18. Jahrhundert untergebracht ist, gibt es modernere Zimmer mit einem Mix aus historischen Elementen und Achtzigerjahre-Design.

4 Albergo della Posta Adresse: Via Trezzini, 6999 Astano/Schweiz
Tel: 0041 (0)91 6083265 Internet: www.posta-astano.ch

☞ HuberVini

In einem für die Region sehr typischen Haus – einem Casa Malcontenes aus dem 16. Jahrhundert – stellt der Winzer Daniel Huber seine international gelobten Weine her. Wie bei so vielen Winzern aus der Region liegt der Fokus auch bei ihm auf Merlot, denn das Umland bietet optimale Voraussetzungen für die Rebsorte. Der Betrieb ist klein und Verkostungen finden nur auf Anmeldung statt. Anders als in einem größeren Betrieb gibt es folglich nicht so viel zu sehen, doch Weinliebhaber kommen bei der Probe auf ihre Kosten.

Adresse: 6998 Monteggio/Schweiz
Tel: 0041 (0)91 6081754, Internet: www.hubervini.ch
Öffnungszeiten: nach Vereinbarung

☞ Delmenico

Am liebsten bezieht Alex von der Albergo della Posta seine Produkte aus den umliegenden Dörfern. Zu einem seiner Lieferanten seines Vertrauens gehört auch Sergio Delmenico. Der Schlachter hat sich auf Produkte vom Wildschwein spezialisiert. In seinem kleinen Laden verkauft er Wildschweinsalami, Schinken Pancetta, Würstchen und geräucherten Wildsaufuß. Alles ist auch eingeschweißt erhältlich und damit ein perfektes Mitbringsel.

Adresse: 6997 Sessa/Schweiz
Tel: 0041 (0)91 6081579

GROTTO DELLA SALUTE

In einem zart rosafarbenen alten Stadthaus mit grünen Fensterläden verbirgt sich eines der schönsten Restaurants Luganos. Es liegt außerhalb der Innenstadt, in dem ruhigen Vorort Massagno, weshalb es bei Touristen noch größtenteils unbekannt ist. Umso beliebter ist es bei den lokalen Geschäftsleuten. Zur Mittagszeit ist fast jeder Platz unter den großen Kastanien belegt von Anwälten, Bankern und Architekten im italienisch eleganten Businessoutfit. Ähnlich stilsicher sind die Kellner im weißen Hemd und mit Fliege, die formvollendet Köstlichkeiten wie Zucchiniblüten gefüllt mit Ricotta, Speck und Steinpilzen, Involtini oder Ravioli servieren. Das absolute Highlight ist der Nachtisch: Wer Glück hat, kann im Spätsommer das selbst gemachte Traubensorbet auf Traubenmousse probieren. Einen Geschmack, den man so schnell nicht wieder vergisst.
Der Außenbereich zieht sich über drei Ebenen. Man nimmt Platz auf weißen verschnörkelten Metallstühlen, die sich um große, liebevoll eingedeckte Steintafeln gruppieren. Draußen sitzt man definitiv besser als drinnen, wo es eher gedämpft und gemütlich ist. Am Abend sollte man unbedingt reservieren. Auch wenn sich das Restaurant Grotto nennt, unterscheidet es sich im Stil deutlich von den vielen etwas rustikaleren Grotti, die das Tessin dominieren, und bietet eine willkommene Abwechslung.

5 Grotto della Salute Adresse: Via dei Sindicatori 4, 6900 Massagno/ Schweiz Tel: 0041 (0)91 9660476 Internet: www.grottodellasalute.ch Öffnungszeiten: Täglich mittags und abends geöffnet, außer Sonntag

VIVA BACCO

GROTTO MORCHINO

Die Straße schlängelt sich von Lugano den Berg hinauf zur Villa Corona, und Unwissende geben Gas, nicht ahnend, dass sie an einem kleinen Juwel vorbeibrausen. Etwas zurückgesetzt, doch an der Straße liegt das Grotto Morchino. Ein einsames Steinhaus, eingeschlossen vom Wald, das mit den Jahren einen etwas verwitterten Charme angenommen hat. Eine steile Steintreppe führt hinauf zur Veranda und zum Speisesaal – einem hohen Raum mit terracottafarbenen Wänden, alten Dielendecken, gediegenen Holzstühlen, rustikalen Tischen und einem offenen Kamin, der Gemütlichkeit und Wärme ausstrahlt. Durch die großen Fenster hat man einen schönen Ausblick auf Lugano, den See und die dahinterliegenden Berge. Wer sich für die Veranda entscheidet, der entscheidet sich für einen Platz direkt im Grünen. Wild wuchert der Wald und direkt unter einem plätschert ein Bach.
Das kulinarische Angebot ist saisonal. Kommt man beispielsweise im Spätsommer, so füllen Steinpilz und Esskastanien in allen Varianten die Karte. Einige Tessiner Klassiker, wie natürlich Polenta, findet man zu jeder Jahreszeit, nur mit wechselnden Begleitern – mal mit Kaninchen oder mit Geschmortem. Ebenfalls immer auf der Karte sind Gerichte vom Holzkohlegrill, der auf der Veranda steht und auf dem Entrecôte und Co brutzeln.

6 Grotto Morchino Adresse: Via Carona 1, 6912 Lugano Pazzallo/Schweiz
Tel: 0041 (0)91 9446044 Internet: www.morchino.ch
Öffnungszeiten: Dienstag – Freitag 10.00 – 14.00 Uhr und 19.00 – 24.00 Uhr (Küche von 12.00 – 13.30 Uhr und 19.00 – 21.30 Uhr), Samstag 19.00 – 24.00 Uhr.
Geschlossen vom 23. Dezember – Ende Februar

GROTTO
TORCHINO

LUNEDI
CHIUSO

Drink!
Coca-Cola
I FUNGHI
POLENTA
E FUNGHI
RISOTTO
AI FUNGHI
Makes Every Meal Special!

VILLA CARONA

Oberhalb von Lugano thront die Villa Carona auf dem Berg. Erbaut im Jahre 1781 als Sommerresidenz, wurde sie 1951 zum Hotel umgebaut. Doch der Charme ihrer früheren Jahre wohnt ihr immer noch inne. Die achtzehn Zimmer des Hotels sind sehr traditionell eingerichtet mit alten Chippendale-Möbeln, Deckengemälden, üppig goldenen Spiegeln, Lüstern und kleinen Engeln. Im Flur und im Speisesaal lauern weitere Antiquitäten und in die Jahre gekommene Porzellanpuppen, mit denen einst unsere Großmütter spielten. Der Stil ist eigen, aber mit so einer Konsequenz durchgezogen, dass er überzeugt. Im Gegenteil dazu steht der Garten, der mit seiner Frische und Fülle einen auf den ersten Blick für sich gewinnt. Hier möchte man bleiben, Trauben von den Reben pflücken, die Füße hochlegen und entspannen.
Zum Hotel gehört das Restaurant La Sosta, welches im Tessin für sein Risotto mit dem legendären Zincarlin-Käse berüchtigt ist, genau wie für die selbst gemachte Pasta – die Spaghetti alla chitarra. Die Speisekarte ist eine Mischung aus traditionellen Tessiner Gerichten und der mediterranen italienischen Küche. Anders als das Hotel ist das Restaurant sehr minimalistisch eingerichtet mit weiß getünchten Wänden und weiß gedeckten Tischen. An warmen Abenden kann man auf der Terrasse Platz nehmen unter dem süßlich duftenden Flieder.

7 Villa Carona Adresse: Piazza Noseed, 6914 Carona/Schweiz Tel: 0041 (0)91 6497055 Internet: www.villacarona.ch Preise: DZ ab 139 CHF inklusive Frühstück Öffnungszeiten Restaurant: Montag – Sonntag 11.00 – 22.00 Uhr, Mittwoch geschlossen, in der Nebensaison auch Donnerstag- und Freitagmittag geschlossen. November – Mitte Februar geschlossen

carona

ORTIGA
DOMENICA E
LUNEDI CHIUSO

GROTTO DELL' ORTIGA

Es gibt Essen, die man auch nach Jahren nicht vergisst und für die man lange Wege auf sich nimmt, nur um noch einmal in den Genuss dieser Köstlichkeit zu kommen. Dazu gehört auch die Zabaione von Toto Mazzoleni, dem Chef der Osteria dell'Ortiga. Aus einem urigen Steinhaus und einer Scheune im Dorf Manno hat der gelernte Architekt ein elegantes und gleichzeitig gemütliches Restaurant gemacht. Die alten Steinwände sind unverputzt und die groben Holzbalken unverkleidet, doch in Kombination mit den großen Fenstern und Mode-Illustrationen aus den 80er-Jahren erhält das Restaurant einen modernen und mondänen Touch. Es verteilt sich auf verschiedene Ebenen und Häuser, sodass man auch bei kompletter Belegung nicht das Gefühlt von Fülle hat. Dafür sorgt dann aber das Risotto, das neben der Zabaione in die Analen der Tessiner Küche eingehen wird. Eine Spezialität im Spätsommer ist das Risotto mit Trauben – saftig und würzig schmilzt es förmlich im Mund. Die Trauben wachsen im Innenhof und überwuchern die Pergola, die die lauschige Terrasse überspannt, auf der man im Sommer wunderschön sitzt.
Toto Mazzoleni ist kein gelernter Koch, sondern wie gesagt Architekt. Alles was auf den Tisch kommt, hat er sich selber beigebracht oder von seiner Mutter, Großmutter oder Tanten gelernt. Die Küche ist so, wie er sie selber am liebsten mag: Einfach, aber gut!

8 Grotto dell'Ortiga Adresse: Strada Regina 35, 6928 Manno/Schweiz
Tel: 0041 (0)91 6051613 Internet: www.ortiga.ch
Öffnungszeiten: Dienstag – Samstag 11.30 – 14.00 Uhr und 18.00 – 24.00 Uhr
(Küche 12.00 – 13.30 Uhr und 19.00 – 22.00 Uhr),
Montag und Sonntag geschlossen sowie Weihnachten bis Ende Januar

TOTO' FABRIZI FABRIZI TOTO'
Guardie e Ladri
Ciao bello!
Charlton Heston, Stephen Boyd - "Ben Hur"

Risotto all'Uva Americana – Rezept Grotto dell'Ortiga

Rezept für 4 Personen

Bei einem Risotto-Rezept kann man keine präzisen Zeit- und Mengenangaben machen, da die eigenen Vorlieben, die verwendete Reissorte und schließlich der Topftyp starken Einfluss haben. Das Risotto sollte zugleich cremig und „al dente" sein. Um das Garen des Reises zu kontrollieren, kann man beim Reiskorn beobachten, wie es von weiß zu transparent wechselt.

Ca. 10 Minuten Zeit für die Zubereitung und Rösten und 15 Minuten Kochzeit.

Die klein gehackte Zwiebel langsam in Butter glasig anbraten. Bei hoher Temperatur den Reis dazugeben und einige Minuten lang rösten (dabei aufpassen, dass die Zwiebeln nicht anbrennen). Den Weißwein dazugeben und ihn ganz vom Reis aufsaugen lassen. Ein wenig Brühe dazugeben und weiter bei starker Hitze kochen. Sobald der Reis die Brühe aufgesaugt hat, neue Brühe dazugeben. Dabei andauernd umrühren. Wenn der Reis zu garen beginnt, Rosinen abtropfen lassen und zum Reis hinzufügen. Am Ende der Garzeit einen Esslöffel Butter und eine Handvoll Parmesan hinzugeben und kräftig umrühren. Topf mit Deckel schließen und mindestens eine Minute ruhen lassen.
Das Risotto mit Trauben dekorieren und servieren.

500 g Arborio-Reis „S.Andrea" (oder „Carnaroli")
80 g Butter
1 Zwiebel, sehr klein gehackt
250 ml trockener Weißwein
Eine Handvoll Rosinen, die vorher mindestens 20 Minuten in Grappa eingeweicht werden
Ca. 100 ml Traubensaft (am besten von der Rebsorte „Americana")
Eine Handvoll Weintrauben (am besten von der Rebsorte „Americana")
Eine Handvoll Parmesan oder Grana Padano
Gute Hühner- und Gemüsebrühe

GUESTHOUSE AROSIO B&B

Seit über hundert Jahren schlafen in dem alten Haus in Arosio, zwischen Monte Lema und Monte Tamaro, Gäste aus aller Welt. Es liegt im Kanton Malcantone, der ärmsten Region der Schweiz, dafür aber auch der authentischsten. Hier hat sich in den letzten Jahrzehnten nicht viel verändert. Statt moderner Neubauten stößt man auf die typischen alten Steinhäuser, auf winzige Dörfer mit Kopfsteinpflaster und verwinkelten Gassen. Das Guesthouse Arosio ist ein guter Ausgangsort für Wander- oder Fahrradausflüge in die Region.
Im Gegensatz zu seiner Umgebung hat sich in dem B&B sehr viel getan. Seit 2011 gehört das Hotel Fabrizio Sommaruga, der es mit sehr viel Liebe zum Detail und Geschmack modernisiert hat. Im Speisesaal hat er beispielsweise den prächtigen Stuck sowie den alten Kamin wieder freigelegt und einen hellen eleganten Dielenboden verlegt. Das B&B verteilt sich über drei Stockwerke und hat vier Zimmer, von denen zwei einen schönen Bergblick haben und eins sogar einen eigenen Kamin. Die Zimmer sind minimalistisch eingerichtet mit schönen Details, wie antiken Stühlen oder einem alten Ofen. Fabrizio Sommaruga hat viele Jahre in Afrika gelebt, was sich in vielen Kunstwerken und Skulpturen widerspiegelt, die das Haus durchziehen und die wunderbar harmonisieren mit Werken westlicher Künstler.

9 Guesthouse Arosio B&B Adresse: Arosio di Sotto 82, 3639 Arosio/ Schweiz Tel: 0041 (0)79 2107659 Internet: www.arosiobnb.com Preise: DZ ab 95 CHF

Confiture Extra

CASA SANTO STEFANO

casa
santo stefano
Hotel Garni – Seminarhaus

CASA SANTO STEFANO

Wer Ruhe und Einsamkeit sucht, ist im Casa Santo Stefano genau richtig. Das Hotel, welches in einem typischen Tessiner Dorf an einem Sonnenhang liegt, wirkt auf den ersten Blick recht karg und nüchtern. Die acht Zimmer sind auf zwei Häuser verteilt und minimalistisch eingerichtet: Schlichte Holzbetten, blau-weiße Bettwäsche und Vorhänge, ein Schrank im Landhausstil, ein Tisch, zwei Stühle – nichts Unnötiges befindet sich in den Zimmern. Von Fernsehern, Radios oder Musikanlagen ist weit und breit keine Spur. Im Casa Santo Stefano beschränkt man sich auf das Wesentliche und schafft damit eine pure Atmosphäre zum Abschalten und runterkommen. Darin liegt der wahre Luxus, genau wie in der täglich frisch gebackenen Brioche, deren Duft am Vormittag durch die Zimmer zieht oder den vom Chef persönlich gekochten Marmeladen. Bei dem ersten Biss in die frisch gebackene Brioche mit Rhabarber-Holunderblüten-Marmelade erscheinen Dinge wie Swimmingpool oder Fernseher absolut nebensächlich. Eine ähnliche Erfahrung macht man, wenn man am Abend von einer Wanderung durch das Malcantone kommt und sich auf die Terrasse unter die Pergola setzt, die Füße hochlegt und sich mit den süßen Americana-Weintrauben belohnt, die nur eine Armlänge entfernt wachsen. Abendessen bietet das Casa Santo Stefano nicht an, aber die Gastgeber Angeli und Christian Wehrli helfen einem bei der Organisation und versorgen einen mit Insidertipps über die besten Restaurants der Region.

10 Casa Santo Stefano Adresse: 6986 Miglieglia, Malcantone/Schweiz
Tel: 0041 (0)91 6091935 Internet: www.casa-santo-stefano.ch
Preise: EZ ab 85 CHF, DZ ab 70 CHF (pro Person)

Malcant
Edelkas
casa
sant

Favorit ★ Favorit
Rhabarber mit
Holunderblüten

Rhabarber Holunderblüten Marmelade

Rhabarber säubern, zerkleinern und mit dem Zucker zusammen einkochen.
Pro Glas eine Handvoll Holunderblüte zum Rhabarber geben, kurz mit aufkochen. Dann vom Herd nehmen und mit Agar-Agar binden.

1 kg Rhabarber
700 g Zucker
1 TL Agar-Agar
(Wahlweise auch mit Gelatine)
Ca. 4 Händevoll Holunderblüten

☞ Santo Stefano

Nur einen kurzen Fußweg vom Casa Santo Stefano entfernt, findet sich der Namensgeber des Hotels – die Kirche Santo Stefano. Sie liegt am höchsten Punkt des Dorfes und vom Kirchgarten hat man einen atemberaubenden Blick über die Dörfer und Täler des Malcantone. Die grazile Steinkirche aus dem Jahr 1634 besitzt eine ganz eigene Anziehungskraft. Sie ist ein Ort der Ruhe und Energie gleichermaßen. Seit Jahrhunderten pilgern Frauen mit unerfülltem Kinderwunsch in die Kirche. Vor jedem der zwölf Apostel zünden sie eine Kerze an und beten Gott an, ihnen Fruchtbarkeit zu schenken. Nach dem Apostel, dessen Kerze zuletzt erlischt, müssen sie ihr Kind benennen.

☞ Osteria La Palma

Ein Restaurant, das die Wehrlis ihren Gästen immer gerne ans Herz legen, ist die Osteria la Palma. Sie liegt eine knappe Stunde zu Fuß vom Hotel entfernt. Michèle und Amedeo bieten ihren Gästen traditionelle Tessiner Küche sowie Gerichte aus der Toskana. Wer nach Tagen im Tessin keine Lust mehr auf Polenta hat, kann sich hier mit Crespelle oder Tintenfisch-Carpaccio Abwechslung holen. Das gelbe Haus mit der Weinpergola und den vielen Palmen, die das Grundstück umgeben, verbreitet einen Hauch von Süden.

Adresse: 6981 Nerocco-Bedigliora/Schweiz
Tel: 0041 (0)91 6061200, Internet: www.osterialapalma.ch
Öffnungszeiten: Donnerstag – Montag 11.00 – 13.00 Uhr
und 17.30 – 23.00 Uhr, Dienstag geschlossen, Mittwoch ab 17.00 Uhr

GROTTO

GROTTO AL CENERI

Manche Leute können nichts dagegen machen, egal was sie tun, es wird ein voller Erfolg! Eigentlich wollte der Wirt vom Al Ceneri seine Ruhe haben und verließ Lugano, wo er jahrelang das Szenelokal der Stadt hatte, um ein ruhiges Grotto am Rande des Waldes zu eröffnen. Nur hielt es mit der Ruhe nicht lange an. Viele seiner ehemaligen Kunden aus Lugano nehmen gerne die zwanzigminütige Fahrt auf sich, um die gute Küche des Hauses zu genießen. Auf den Tisch kommen nur lokale Produkte aus dem Tessin. Das Restaurant arbeitet mit vielen kleinen Lieferanten zusammen, wie z.B. der Pilzesammlerin des Ortes, die jeden Tag ihre Beute direkt vom Wald ins Grotto liefert. Daraus kreiert der Chef dann beispielsweise eine Polenta mit Steinpilzragout. Am besten sind jedoch die Salate, sehr frisch und kreativ geschmackvoll zusammengestellt: Sellerie mit Parmesan, Feigen und Tomaten oder Caprese mit Ziegenkäse.

Auch dem Ambiente merkt man es an, dass der Chef weiß, was er tut. Der etwas modernere, leichtere Style bietet eine willkommene Abwechslung zu den herkömmlichen Grotti. Die traditionellen Elemente, wie die unverputzten Steinwände oder die Holztheke, werden im Grotto al Ceneri kombiniert mit großen Glasfronten und leichten Möbeln. Davor liegt die weitläufige Terrasse, die einem das Gefühl gibt, schon fast im Wald zu sitzen.

11 Grotto al Ceneri Adresse: 6802 Rivera/Schweiz Tel: 0041 (0)91 9464060
Öffnungszeiten: 1. März – Ende Oktober, Dienstag – Samstag 10.00 Uhr bis spät.
Sonntagabend und Montag geschlossen

TAGUATA 17
LARDELLO 12.-
BISUNTO 17,-
CAPRINOSACLA 20.-
CAR PACCIO 20.-
SPADON (FUME DI MARE) 20.-
ANATROCCOLO 20.- 14.-
CENERINA 18.-
INSALATONA RUSTICA 16.-
INSALATONA VEGETARIANA
VERDE O MISTA 6-/8.-
POL BRASATO 24.-
POL TRIPPA 18.-
POL MORTADELLA FAGIOLI 22.-
POL LUMACHE 26.-
POL GORGONZOLA 15.-
POL FORMAGGI MIX 18.-
NTRECOTE DI MANZO 36.-
FILETTO DI MANZO 38.-
ROASTED BEEF 28.-

Fattoria l'Amorosa
Agriturismo

FATTORIA L' AMOROSA

Mitten zwischen Weinhängen und Olivenhainen, auf dem Weg von Locarno nach Bellinzona, liegt die Fattoria l'Amorosa. In einem herrschaftlichen weißen Gutshaus mit Steindach sind sowohl das Hotel als auch das Restaurant untergebracht. Acht geräumige Zimmer haben in den oberen Etagen Platz. Jedes ist individuell und geschmackvoll eingerichtet. Teils mit Himmelbetten, Badewannen im Zimmer und einem kleinen Balkon, auf dem man die Sonne und den Blick genießen kann. In einem separaten Bauernhaus sind ein weiteres Zimmer sowie eine Suite untergebracht. In der unteren Etage des Haupthauses befindet sich das Restaurant – rustikale Steinwände und Fußboden prägen das Ambiente, dazu lange Holztafeln und ein großer gemütlicher Kamin. Ähnlich wie in den Zimmern herrscht auch hier ein herrschaftlicher Landhauscharme. An den Saal schließt sich ein Wintergarten an sowie eine große, von Wein bewachsene Terrasse.
Das Restaurant verfügt über eine ausgezeichnete Weinauswahl, wobei ein Großteil von dem Restaurant zugehörigen Weingut Delea stammen. Zum Wein werden Gerichte aus lokalen Produkten angeboten – sehr gut und raffiniert zubereitet. Als Vorspeise gibt es zum Beispiel einen Auflauf von Rüebli und Fenchel mit Orangen-Safran-Sauce und als Hauptgericht einen Rindseintopf mit Pilzen.

12 Fattoria l'Amorosa Agriturismo Adresse: Via Moyar, 6514 Sementina-Gudo/ Schweiz Tel: 0041 (0)91 8402950 Internet: www.amorosa.ch Öffnungszeiten: Montag – Sonntag 7.00 – 23.00 Uhr (Küche 12.00 – 14.00 Uhr und 19.00 – 22.00 Uhr), vom 1. November bis 28. Februar Sonntagabend und Montag geschlossen

☞ Angelo Delea

Wer in der Fattoria l'Amorosa auf den Geschmack gekommen ist, kann in der Kellerei von Angelo Delea an einer Verkostung teilnehmen und mehr über die Tessiner Weine lernen. Auf zwanzig Hektar Land baut der Winzer hauptsächlich Merlot-, Cabernet-Franc-, Chardonnay- und Sauvignon-Trauben an, die teilweise in Eichenholzfässern aus Frankreich heranreifen und so ihren ganz besonderen, vollen Geschmack erhalten. Neben dem Wein gehören noch zahlreiche Grappas und Erzeugnisse aus Olivenöl zu Deleas Angebot.

Adresse: Via Zandone 11, 6616 Losone/Schweiz
Tel: 0041 (0)91 7910817, Internet: www.delea.ch
Öffnungszeiten: Montag – Freitag 8.00 –12.00 Uhr und 13.30 – 18.00 Uhr, Samstag 8.30 – 16.00 Uhr

LOCARNO UND DIE TÄLER

Nordwestlich von Lugano und Malcantone, am nördlichen Ufer des Lago Maggiore, befindet sich Locarno: bekannt für sein ausgezeichnetes Wetter, die Filmfestspiele und die Verträge von Locarno, die Deutschlands völkerrechtliche Lage nach dem ersten Weltkrieg definierten. Außerdem ist die mondäne Stadt mit ihren bunten Häusern und dem berühmten Piazza Grande Ausgangspunkt für Exkursionen in das Maggia- und in das Onsernone-Tal.
Zwei Täler wie sie unterschiedlicher nicht sein könnten. Das Onsernone-Tal ist ein Tal der Extreme: Es hat kaum Horizontalen und die Dörfer kleben wie Schwalbennester am Hang. Am Boden der Schlucht rauscht der Fluss Isorno lang, den man nur selten zu sehen bekommt, so tief liegt er zwischen den dunkelgrünen Hängen. Ein dichter Tannenwald zieht sich die Bergflanken hoch bis zu den kargen, oft schneebedeckten Gipfeln. Nur eine einzige Straße führt in das Onsernone-Tal und endet in einer Sackgasse. Viel Landwirtschaft oder Viehzucht gibt es hier folglich nicht. Jahrhundertelang waren Esskastanien und Ziegenmilch das wichtigste Grundnahrungsmittel des Tals. Auch heute noch überqueren des Öfteren kleine Scharen von Ziegen die Straße und am Wegesrand wird Ziegenkäse verkauft. Trotz der teils düsteren Atmosphäre versprüht das Tal eine magische Anziehungskraft, die unter anderem auch den Schweizer Schriftsteller Max Frisch dazu bewog, sich in dem Dörfchen Berzona niederzulassen. Das Maggia-Tal kommt sonniger und verspielter daher. Statt der tiefgrünen Wälder trifft man öfter auf saftig grüne Wiesen, malerische Brücken, sprudelnde Flüsschen, kleine Strände mit feinem Sand und Becken, die zum Baden einladen. Auch gibt es in dieser Region deutlich mehr Grotti und Unterkünfte.

DIVINE FOLLIE

AUSFLUG NACH LOCARNO

Die 15 000-Einwohnerstadt, gelegen am nördlichsten Zipfel des Lago Maggiore ist der wärmste Ort der Schweiz und unbedingt einen Tagesausflug wert. Hier wachsen Palmen und Zitronenbäume, die Sonne scheint über 2300 Stunden im Jahr und Besucher und Bewohner schlendern entspannt mit einem Eis in der Hand durch die kleinen Gassen.

In Locarno herrscht eine mediterrane Leichtigkeit, wie sie sonst selten in der Schweiz zu finden ist. Hinzu kommt ein kosmopolitisches Flair, das jährlich im August von der internationalen Prominenz in die Stadt gespült wird, die zum Filmfestival nach Locarno kommt.

Der zentrale Platz der Stadt ist die Piazza Grande, die gesäumt ist mit bunten Häusern. Sämtliche Gassen der Altstadt laufen auf sie zu.

Überhalb der Stadt thront die Wallfahrtskirche Madonna al Sasso, deren Gründung auf eine Marienerscheinung zurückgehen soll. Sie gehört zu den Hauptsehenswürdigkeiten der Stadt. Noch weiter zurück in die Vergangenheit geht das Castello Visconteo aus dem 12. Jahrhundert. Die Burg am Rande der Altstadt ist noch zu Teilen im Originalzustand erhalten. Doch auch mit Sehenswürdigkeiten aus den letzten Jahrzehnten kann Locarno auftrumpfen, wie beispielsweise der von dem Stararchitekten Mario Botta entworfenen Seilbahn, die hoch nach Cardada-Cimetta führt.

A.Vogel

VERBANO

LOCARNO

☞ Internationales Filmfestival von Locarno

Seit 1946 findet das Internationale Filmfestival in Locarno statt und gehört damit neben den Festivals von Cannes, Moskau und Venedig zu den ältesten der Welt. Während elf Tagen werden überall in der Stadt hunderte von Filmen aus diversen Kategorien gezeigt. Eine der Besonderheiten des Festivals von Locarno ist, dass etliche der Filmvorführungen unter freiem Himmel auf der Piazza Grande in der Altstadt stattfinden. Es ist ein gigantisches Freiluftkino, in dem etwa 8000 Menschen Platz finden.

Internationales Filmfestival von Locarno
Internet: www.pardolive.ch

☞ Vera Gelateria

Um mitzumachen beim allgemeinen Müßiggang von Locarno empfehlen wir Ihnen, sich ein Eis in der Vera Gelateria zu kaufen. Es ist die beste Eisdiele in Locarno, auch wenn die Einrichtung im Sechzigerjahre-Stil mit knalligen Neonfarben dieses nicht sofort vermuten lässt. Neben Klassikern bekommen Sie hier so ausgefallene Eissorten wie z.B. Feta mit karamellisierten Feigen. Sämtliche Sorten sind ausschließlich mit natürlichen Produkten hergestellt.

Adresse: Via Stazione 2, 6602 Muralto
Tel: 0041 (0)91 7430074
Internet: www.veragelateria.ch

☞ Trattoria Cibo e Passione

Ein beliebter Spot von Filmliebhabern aus aller Welt ist die Trattoria Cibo e Passione in der Altstadt von Locarno. Die Besitzer der Trattoria Lara Guelli und Chef Simone Bianchi stammen beide aus Mailand und servieren italienische Küche mit einem Tessiner Touch. Insbesondere was die Größe der Portionen betrifft, haben sie sich einiges bei den Tessinern abgeguckt. Ein Drei-Gänge-Menü, wie es in Italien üblich ist, ist hier eine echte Herausforderung. Bekannt ist die Trattoria übrigens für ihre außerordentlich gute Lasagne.

Adresse: Via Marcacci 9, 6600 Locarno
Internet: www.latrattorialocarno.ch
Öffnungszeiten: Montag – Freitag 12.00 – 14.00 Uhr und 18.30 – 22.30 Uhr, Samstag nur am Abend geöffnet.

TENTAZIONI

Auf dem Tisch steht das köstliche Maggia-Brot von der Panetteria Peri aus dem Nachbarort, dazu gibt es Olivenöl, Maggia-Pfeffer und Meeressalz, kurze Zeit später kommt der Gruß aus der Küche.

Dario Pancaldi und Andreas Schwab eröffneten im November 2013 ihr Restaurant/Hotel Tentazioni am Eingang des Onsernone-Tals. Das Konzept der beiden sehr jungen Eigentümer ist, ihren Gästen kulinarische Erlebnisse zu bieten. Das heißt soviel wie: keine große Portion Polenta mit Steinpilzen, sondern Haute Cuisine auf Tessiner Art interpretiert. Die gibt es in Form von Vier- oder Fünf-Gänge-Menüs, z.B. Macarons aus Farina Bona, gefüllt mit Ziegenfrischkäse, gefolgt von einem Selleriesüppchen mit Crevette oder einem Kalbstatar mit Gurke, Dijonsenf und Belper Knolle. Es folgt Tintenfisch mit Fenchel und Chorizo und der Höhepunkt ist das Entrecôte vom Rind. Doch auch Gäste, denen ein Fünf-Gänge-Menü zu viel ist, werden auf der Karte fündig. Das Tentazioni ist untergebracht in einem Haus aus der Jahrhundertwende, wurde jedoch kürzlich aufwendig renoviert. Statt nostalgischem Charme prägen moderne Möbel und die Farben Schwarz und Lila das Ambiente. Zu dem Restaurant gehört ein schöner Garten, so dass man im Sommer auch draußen essen kann. Außerdem gibt es neben dem Restaurantbetrieb ein kleines Hotel im Haus mit vier freundlichen und gut ausgestatteten Zimmern sowie einer Suite.

14 Tentazioni Adresse: Via Cantonale, 6654 Cavigliano/Ascona/Schweiz
Tel: 0041 (0)91 7807071 Internet: www.ristorante-tentazioni.ch
Öffnungszeiten: Juli – August täglich mittags und abends geöffnet, Frühjahr und Herbst Dienstag abends, Mittwoch – Sonntag mittags und abends, Winter: Mittwoch abends, Donnerstag – Sonntag mittags und abends

Ultima goccia
TENTAZIONI SHOP

Ein Gespräch mit Andreas Schwab

Koch und Inhaber des Restaurants Tentazioni

Tentazioni bedeutet soviel wie „Versuchung, Verführung", womit wollen Sie verführen?

Wir wollen unsere Gäste mit einer ausgezeichneten Küche und hervorragenden Weinen in einem ansprechenden, modernen Umfeld verführen. Gleichzeitig wollen wir sie mit unserem Fünf-Gänge-Menü verführen, Neues auszuprobieren und neue Speisen zu kosten.

Wir würden Sie Ihre Küche beschreiben?

Wir machen eine innovative Küche mit Produkten aus unserer Region. Ich nenne es auch „Haute Cuisine Nostra".

Viele Gerichte des Tessins sind ja sehr bodenständig und stammen aus einfachen Verhältnissen. Wie verwandeln Sie das in Haute Cuisine?

Ein gutes Beispiel sind die Macarons aus Farina Bona, gefüllt mit Ziegenfrischkäse. Das Farina Bona ist Mehl aus sehr fein gemahlenen, gerösteten Maiskörnern und ist sehr typisch für die Region. Ursprünglich wurde es mit Wasser oder Milch zu einer Art Brei verarbeitet. Doch heute sind der Fantasie keine Grenzen gesetzt – ich mache daraus Macarons und fülle sie mit Ziegenkäse aus dem Onsernone Tal. Und schon hat man eine Haute Cuisine à la Tessin.

☞ Panetteria Peri

Gutes Brot gibt es überall im Tessin, insbesondere Sauerteigbrot. Mit seiner harten Kruste und dem fluffigen Teig ist es unwiderstehlich, sowohl morgens zum Frühstück mit Butter und Honig als auch abends zum Salat. Doch es gibt gutes Brot und dann gibt es das Brot aus der Panetteria Peri – das Pane Valle de Maggia, welches das beste Brot des Tessins ist, wenn nicht sogar der Schweiz! Es ist außen hart, doch innen weich und fast noch feucht und das nicht nur am ersten Tag. Es hält sich ca. eine Woche.

Adresse: Caraa di Leoi 1, 6653 Verscio/Schweiz
Tel: 0041 (0)91 7961651
Öffnungszeiten: Montag – Freitag 6.30 – 12.15 Uhr und 14.30 – 18.30 Uhr, Samstag 6.30 – 12.15 Uhr und 14.30 – 18.30 Uhr, Sonntag 7.30 – 11.45 Uhr

☞ Capra Contenta

Seinen Ziegenkäse bezieht Andreas Schwab von der Ziegenfarm von Christiane Kostka und Adriano Berguglia, bzw. aus deren kleinen Selbstbedienungsladen an der Straße hoch ins Onsernone Tal. Die kleine Holzhütte liegt links am Wegesrand und ist leicht zu übersehen. Im Inneren der Hütte findet man auf ein oder zwei Quadratmetern Ziegenkäse, Bärlauchpesto und Ziegensalami. Man nimmt sich, was man möchte und hinterlässt den Betrag in der dafür vorgesehenen Kasse. So funktioniert Shopping im Tessin!

Adresse: Cresmino, 6654 Cavigliano/Schweiz
Tel: 0041 (0)79 3245615
Internet: www.capra-contenta.net

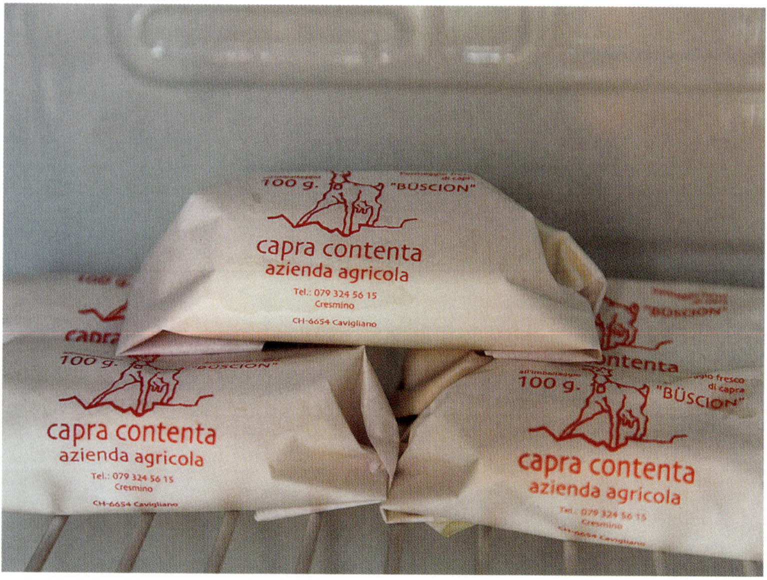

negozietto-Käseladen
aperto
self-service
Festa
della farina bona
11.00-16.00
Parco dei mulini - Vergeletto

PALAZZO GAMBONI

Kleine Steingassen zu eng für Autos, verwinkelte Häuschen, das tiefe Läuten der alten Dorfkirche – wer in Comologno ankommt, dem vorletzten Dorf des Onsernone Tals, hat das Gefühl in einer anderen Zeit gelandet zu sein. Das Gefühl wird noch verstärkt, wenn man den Palazzo Gamboni betritt. Außer Elektrizität scheint sich in dem herrschaftlichen Haus seit Jahrhunderten nichts verändert zu haben. Das Steinhaus wurde Anfang des 17. Jahrhunderts erbaut und große Teile des Mobiliars und der Architektur sind erhalten geblieben, wie die schönen Buntglastüren oder die fein gearbeiteten Fensterläden. Anfang 2001 wurde der alte Teil des Hauses um einen Neubau erweitert und zu einem Hotel umfunktioniert. Insgesamt gibt es fünf Zimmer, drei im Neubau und zwei im alten Teil des Hauses. Letztere sind natürlich die, die man buchen sollte, um das ganze Onsernone-Feeling zu bekommen. Wann hat man schließlich schon mal die Gelegenheit, in einem Bett aus dem 17. Jahrhundert zu schlafen?! Besonders gemütlich ist die Küche, in der noch der originale gusseiserne Ofen steht, oder der Salon, welcher mit Klavier und Old-School-Plattenspieler bestens ausgestattet ist für lange Abende vorm Kamin. Denn während man tagsüber zahlreiche Ausflüge und Wanderungen machen kann, werden abends die Bürgersteige hochgeklappt in Comologno und man ist auf sich selbst gestellt. Der Palazzo Gamboni ist der perfekte Ort für eine kurze Flucht aus dem Alltag.

15 Palazzo Gamboni Adresse: 6663 Comologno, Valle Onsernone/Schweiz
Tel: 0041 (0)91 7806009 Internet: www.palazzogamboni.ch
Preise: DZ ab 210 CHF

BAGNI DI CRAVEGGIA

Das letzte Dorf im Onsernone Tal ist Spruga. Es liegt an der italienischen Grenze und ist Ausgangspunkt für eine Wanderung zu den Bagni di Craveggia, die nur zu Fuß zu erreichen sind. Die Wanderung dauert ca. eine halbe Stunde pro Weg und führt entlang des Flusses, durch den Wald und über die italienische Grenze. Kurz vor dem Ziel muss man den Fluss überqueren, da es an dieser Stelle keine Brücke gibt, indem man entweder durchwatet oder von Stein zu Stein hüpft – es ist jedoch leicht zu bewältigen.
Am Ende erwarten einen die Bagni di Craveggia – die einst ein luxuriöses Wellness-Hotel waren. Erbaut Anfang des 19. Jahrhunderts und malerisch gelegen an einem reißenden Bergfluss direkt an der italienisch-schweizerischen Grenze, war es vor ca. 200 Jahren der Hotspot der Reichen und Schönen aus Mailand und Umgebung. Zwei Kriege und eine Lawine später sind von dem ehemaligen Luxushotel nur noch Ruinen geblieben. Ein paar der Pools und antiken Wannen haben die Jahre jedoch überlebt und werden nach wie vor von den natürlichen heißen Quellen der Region gefüllt. Mit etwas Abenteuergeist und Kerzen ist es heute noch möglich in einer Granitzisterne von 28°C, mit den Maßen 2mx2m, zu baden und danach in den eiskalten Bergfluss zu hüpfen – Natur pur. Nur wenige Leute verirren sich in diesen abgelegenen Winkel, so dass man oft den Luxus hat, diesen sehr besonderen Ort ganz für sich zu haben.

16 Bagni di Craveggia

AMERICA
GROTTO
AMERICA

R G 8
america
PONTE BROLLA

GROTTO AMERICA

Weit und breit sind keine Hollywoodschaukeln, Jukeboxes oder American Pancakes in Sicht. Im Gegenteil, das 400 Jahre alte Haupthaus, die grob gehauenen Steintische, die rot-weiß karierten Tischdecken und das riesige Schweizer Wappen an der Fassade weisen eher auf ein sehr traditionelles Grotto hin. Das ist es dank seines jungen Inhabers Davide Buvoli zwar auch nicht, aber noch weniger hat es vom Design oder der Speisekarte her etwas mit Amerika zu tun. Der Name geht zurück in die Anfänge des 20. Jahrhunderts, als sich in dem heutigen Grotto America Tessiner Auswanderer zusammenfanden, um von hier aus ihre Ausreise über Genua in die Vereinigten Staaten zu starten. Heute finden sich hier Wanderer, Radfahrer und Ausflügler zusammen, unter denen vielleicht auch mal ein Amerikaner ist, dessen Vorfahren aus dem Tessin stammten. Das Grotto liegt etwas abseits direkt am Fluss im kleinen Ponte Brolla am Eingang des Maggia Tals und wird seit acht Jahren von Davide Buvoli geführt. Neben traditionellen Tessiner Gerichten, wie Tartino Cremoso (Polenta mit Ziegenkäse und Speck) und den Rezepten seines Vaters, bietet Davide seinen Gästen jeden Freitag Livemusik. Die Konzerte finden im Sommer auf der großzügigen Terrasse mit Bar statt und bei schlechtem Wetter in der gemütlichen Stube. Ist Letzteres der Fall, kann es kuschelig eng werden. In die kleine Stube mit dem großen Kamin und den weißen grob verputzen Wänden passen drei zugegebenermaßen große Tische.

17 Grotto America Adresse: Via ai Grotti 71, 6652 Ponte Brolla/Schweiz
Tel: 0041 (0)91 7962370 Internet: www.grottoamerica.ch
Öffnungszeiten: Täglich von morgens bis abends geöffnet, außer Montag.
31. Oktober – ca. 18. März komplett geschlossen.

GROTT
AMERIC
WC

GROTT
AMERICA

GROTTO POZZACS

Das Grotto Pozzacs ist die richtige Adresse für heiße Sommertage, denn hier staut sich der Fluss Lavizzara und bildet einen glasklaren Teich. Im Sommer kann man hier wunderbar baden oder sich auf den Felsen sonnen. Dieser Teich ist auch der Grund für den ungewöhnlichen Namen. Pozzacs bedeutet Tümpel, was in Anbetracht des klaren Wassers und auch der Größe des Teiches absolut untertrieben ist. Auch wenn es zu frisch zum Baden ist, kann man es im Grotto Pozzacs sehr gut eine Weile aushalten. Nur ein kleines Sträßchen führt von Peccia runter, durch den Wald und zu dieser Idylle, die abgeschieden liegt von der Zivilisation und deren Lärm. Schon bei der Ankunft steigt einem der heimelige Geruch von Feuer in die Nase. Folgt man ihm, führt er einen zu der berühmten Polenta, die überm Feuer kocht. Zwei Stunden und unzähliges Rühren braucht es, bis die Spezialität des Hauses auf den Teller kann. Bestellen kann man sie in allen möglichen Variationen: mit Käse, Kutteln in Tomatensauce, Gorgonzola, Gemüse, Mortadella, Codigotto-Wurst und Bohnen, Milch und vielem mehr. Neben Polenta gibt es einfache Grotto-Gerichte wie Minestrone, Käse-/Aufschnitt-Platte oder Pizzoccheri (Nudeln aus Buchweizenmehl) mit Wirsing. Gegessen wird draußen an rustikalen Steintischen geschützt von Bäumen oder Sonnenschirmen. Es gibt auch einen rustikalen Innenraum, der es an Charme jedoch nicht mit der Terrasse aufnehmen kann.

18 Grotto Pozzacs Adresse: 6695 Peccia/Schweiz Tel: 0041(0)91 7551604 Internet: www.pozzasc.ch Öffnungszeiten: Dienstag – Sonntag 11.00 – 22.00 Uhr, Montag geschlossen, Ostern – 20. Oktober.

HENNIEZ
Spezzatino
di Camoscio
con polenta
Gemse mit
Polenta
Chf 25.-

RISTORANTE della STAZIONE

RISTORANTE DELLA STAZIONE DA AGNESE E ADRIANA

Die gut angezogenen, oft schon etwas älteren Gäste im Ristorante Stazione sind größtenteils Stammgäste, man kennt sich untereinander, plaudert über den letzten Urlaub und die Erlebnisse des Tages. Das Ambiente ist elegant und gediegen. Die Tische im Speisesaal sind mit weißen Leinen eingedeckt, die Wände cremefarben und die Möbel alle im lieblichen Landhausstil. Kellner mit weißen Hemd und Fliege bedienen die Gäste aufmerksam – man spürt sofort, dass man in einem der besten Restaurants der Schweiz ist. Auf der Karte findet man zur Abwechslung mal keine Polenta, dafür Piccata „Agnese“ aus Kalbsfleisch mit frischen Pilzen und Risotto, Kalbsschnitzel mit Zitronensauce oder Wolfsbarsch gebraten mit Artischocken, Oliven und Kapern.
Aus dem Speisesaal sowie der sich anschließenden Terrasse hat man einen wunderbaren Blick auf das Tal und die Berge. Auch aus manchen der 16 Zimmer kann man diese Aussicht sowie den Landhausstil genießen. Die Zimmer sind in unterschiedlichen Farben eingerichtet und verfügen teils über einen Balkon oder einen eigenen Kamin sowie über ein modernes Bad, Fernseher und Internet. Das Restaurant/Hotel, das seinen Namen der Lage direkt am Dorfbahnhof verdankt, ist den meisten besser bekannt als Da Agnese (bei Agnese) – der Besitzerin und langjährigen Köchin, die den Betrieb mittlerweile gemeinsam mit ihrer Tochter Adriana führt.

19 Ristorante Stazione „Da Agnese e Adriana“ Adresse: 6655 Intragna/ Schweiz Tel: 0041 (0)91 7961212 Internet: www.daagnese.ch Preise: DZ ab 85 CHF (pro Person/pro Nacht)

TORANTE della STAZIONE

Ristorante
Centovalli
Ponte Brolla

CENTOVALLI

Jeder Platz an den langen Tafeln unter der dicht von Wein umrankten Pergola ist besetzt und doch ist es erstaunlich ruhig. Ab und zu ein „mmmhhh“ oder glückliches Gemurmel – ansonsten herrscht gefräßiges Schweigen.
20 000 Portionen Steinpilz-Risotto servieren Silvia und Renato jedes Jahr, denn kaum einer der hierherkommt bestellt etwas anderes. Käme es doch einer Sünde gleich, das Risotto der Gobbis zu verschmähen. Es gilt als das beste Risotto des Tessins. Es ist genau auf den Punkt, hat die richtige Bissfestigkeit und ist doch cremig und sämig. Wie diese perfekte Konsistenz erreicht wird, ist ein Familiengeheimnis, welches trotz Flehen und Betteln nicht verraten wird. Renato und Silvias Vater, der eigentlich Elektriker, aber leidenschaftlicher Hobbykoch war, hat das Rezept aus dem Piemont mitgebracht und so lange daran herumgetüftelt, bis es perfekt war. Ziemlich nahe an der Perfektion ist auch alles andere im Haus Centovalli. Das alte Haus, das mittlerweile in der dritten Generation von der Familie Gobbi geführt wird, wurde vor ein paar Jahren renoviert, ohne ihm dabei seinen Charme zu nehmen: Der Stuck und die alten Säulen sind noch sichtbar und in schönem Einklang mit den modernen Kunstwerken von Künstlern aus der Region. Die zehn Zimmer sind modern und geschmackvoll eingerichtet, teils mit eigener Terrasse. Es lohnt sich also nicht nur zum Risotto-Essen herzukommen.

20 Ristorante Centovalli Adresse: 6652 Ponte Brolla/Schweiz
Tel: 0041 (0)91 7961444 Internet: www.centovalli.com Öffnungszeiten:
5. März – 23. Dezember Mittwoch – Sonntag 12.00 – 13.30 Uhr und 18.30 – 21.30 Uhr, Montag und Dienstag geschlossen, 24. Dezember – 4. März geschlossen.

Ein Gespräch mit Renato Gobbi

Inhaber des Centovalli

Sie haben vorhin angedeutet, dass Sie in Ihrem Betrieb großen Wert auf Nachhaltigkeit legen. Welche Maßnahmen treffen Sie?

Das sind viele! Z.B haben wir eine große Zisterne im Garten, die die Toiletten mit Regenwasser versorgt, damit wir kein Trinkwasser dafür verbrauchen müssen. Außerdem wird das ganze Gebäude mit Abfallwasser beheizt. Wir waren der erste Betrieb in der Schweiz, der diese Heizmethode benutzte.

Wie sieht es mit den Produkten aus, die Sie in Ihrem Restaurant verwenden? Achten Sie auch hier auf Nachhaltigkeit?

Natürlich, das ist uns ganz wichtig. Unser Wein kommt hauptsächlich aus dem Tessin, genauso wie Gemüse, Milch etc. Nur der Risotto-Reis, der Käse und die Steinpilze kommen aus Italien, aber das ist ja auch nur 15 km entfernt.

Warum die Steinpilze, im Tessin gibt es doch genügend davon?

Laut den Pilzsammelbestimmungen der Schweiz stehen jeder Person pro Tag nur 3 kg zu. Für unser Risotto brauchen wir aber mehr, darum müssen wir sie teils aus Italien beziehen.

Doch Nachhaltigkeit geht ja noch viel weiter. Unsere Angestellten wohnen alle maximal 2-3 km entfernt, d.h. sie können zu Fuß oder mit dem Fahrrad zur Arbeit kommen und haben somit einen CO2 Verbrauch der gleich Null ist. Ähnlich ist es mit unserem Wasser. Jahrelang haben wir San Pellegrino eingekauft, bis mir irgendwann mal auffiel, was das für eine Umweltverschmutzung ist. Jetzt produzieren wir unser Wasser selbst und sorgen damit dafür, dass jährlich 18 000 Tonnen weniger Waren auf den Straßen unterwegs sind. Stellen Sie sich mal vor, das würden alle machen?!

AUSFLUG HINAUF NACH CARDADA

Über saftig grüne Wiesen, samtig schimmernde Kiefernwälder und gemütlich weidende Kühe schwebt man in der Seilbahn von Locarno hoch nach Orselina. Bereits von hier hat man einen tollen Blick auf Locarno und den Lago Maggiore. Doch es ist nur eine Zwischenstation. In Orselina geht es mit der Drahtseilbahn weiter nach Cardada. Die Vegetation wird spärlicher und der Blick immer spektakulärer. In Cardada angekommen, kann man für die letzten Kilometer den Sessellift nach Cimetta nehmen, doch die schönere Option ist der Wanderweg, der von Cardada auf die Alp führt. Auf von Kiefern gesäumten Wegen, durch niedrige Vegetation und über einige Weiden führt die teilweise recht steile Strecke. Doch am Ziel wird man belohnt. Hier befindet sich die Capanna lo Stallone, eine gemütliche Hütte mit einer großen Sonnenterrasse. Ein wunderbarer Ort um wieder zu Atem zu kommen und sich mit Polenta zu stärken. Die über dem Feuer gebratene Polenta ist die Spezialität des Hauses und es gibt sie in zahlreichen Kombinationen. Zum Beispiel mit Tomaten, Rucola und Gorgonzola oder mit frischen Feigen und Bedretto-Käse.
Gestärkt kann man weiter zum Monti di Lego (1 Std.) oder zum Pizzo Trosa (1 Std.) wandern. Wem es hier oben gefällt, der kann sich in einem der Gruppen- oder Familienzimmer einquartieren. Sehr simpel, doch der Luxus ist die Abgeschiedenheit, die frische Bergluft und die unglaubliche Aussicht.

21 Capanna lo „Stallone" Adresse: Casella postale 4, 6600 Locarno/Schweiz Tel: 0041 (0)91 7436146 Internet: www.stallone.ch Öffnungszeiten: im Sommer täglich geöffnet

PRODUIT DE FRANCE
POLENTA
CON
FUNGHI
VINS DE FRANCE
POLENTA
GRATINATA AL FORNO
* AL GORGONZOLA
* ALPIGIANA
PORRI. PERE.
* STALLONE
POMODORI_RUCOLA_GORG

☞ Madonna del Sasso

Es lohnt sich Orselino nicht nur als Umsteigeort zu nutzen, sondern einen Abstecher zum heiligen Berg der Madonna del Sasso zu machen. Die Madonna del Sasso ist eine der bedeutendsten Wallfahrtskirchen im Tessin. Der Weg der Pilger führt von der Verkündigungskirche am Fuße des Berges in Locarno entlang der Via Crucis. Zwölf Kreuzwegkapellen säumen den Weg und erzählen die Leidensgeschichte Christi. Für den Aufstieg braucht man etwa eine Stunde oder man entscheidet sich für die Seilbahn, die direkt nach Orselino und zur Madonna del Sasso führt.

Adresse: Via Santuario 2, 6644 Orselina/Schweiz
Tel: 0041 (0)91 7436265, Internet: www.madonnadelsasso.org
Öffnungszeiten: Täglich 06.30 – 18.30 Uhr

BOOTSTOUR AUF DEM LAGO MAGGIORE

Der Lago Maggiore ist ein ständiger Begleiter bei einer Reise durch das Tessin. Egal ob vom obersten Gipfel eines Bergkammes oder bei einem Bummel entlang der Promenade von Locarno – immer glitzert er verlockend und leuchtend blau. Es gibt zahlreiche Badeplätze entlang des Sees, doch am schönsten ist er natürlich von einem Boot aus zu erkunden. An sonnigen Tagen zieht es hunderte von Seglern, Familien auf Tretbooten, Kajakfahrer und Rentner auf Ausflugsdampfern auf den See hinaus. Ab und zu kreuzt eine Yacht, deren Ausmaße George Clooney oder andere Hollywoodstars vermuten lässt. Doch mit seinen 212,5 km², womit der Lago Maggiore eine etwas größere Fläche als Hannover hat, bietet er genug Platz für alle. Besonders schön und entspannt ist der See mit einem Motorboot zu erkunden. In der Schweiz sind Boote bis 8 PS führerscheinfrei, in Italien sogar bis 40 PS.
Ein empfehlenswerter Bootsverleih befindet sich in Locarno/Muralto, natürlich direkt vorne am See. Hier kann man Stand-up-Paddles, Motorboote, Jet-Skis und Tretboote mieten. An warmen Tagen und vor allem am Wochenende empfiehlt es sich zu reservieren.

22 Tinoleggio Barche Adresse: Via Mariani 4, 6600 Muralto/Schweiz
Tel: 0041 (0)79 9617947 Internet: www.tinoleggiobarche.ch
Öffnungszeiten: Täglich 9.00 – 21.00 Uhr von März bis Mitte Oktober
Preise: 1 Std. Motorboot 50 CHF, 1 Std. Tretboot 26 CHF

767

MARNIN
MARNIN

Pasticceria Marnin

Außen brüchig hart, mit feinem Puderzucker, und innen schaumig-weich, oft noch etwas feucht, der untere Teil mit Zartbitterschokolade überzogen – die Amaretti gehören zum Tessin wie die Berge und der Merlot. Doch wie so oft bei Spezialitäten stellt sich die Frage, wo gibt es die besten, die am originalgetreusten?!

Vielleicht in der Pasticceria Marnin in Locarno. Seit vier Generationen werden hier die Rezepte von Amaretti und Co weitergeben und selbstverständlich wird alles von Hand zubereitet. Seit den späten 80er-Jahren hat die Pasticceria ein Café auf der schönen Piazza San Antonio in Locarnos Altstadt. Unter weißen Sonnenschirmen kann man ganz in Ruhe seinen Amaretto genießen, dazu einen Latte schlürfen und die Kirche San Antonio aus dem 17. Jahrhundert bewundern oder einfach nur sein Gesicht in die Sonne strecken. Wer nicht unbedingt auf die Amaretti steht, für den gibt es im Café noch weitere selbst gebackene Kleinigkeiten, frisch gepresste Säfte oder im Haus hergestelltes Eis.

Einen weiteren Laden hat die Familie in der Via S. Francesco in Locarno, allerdings ohne Sitzmöglichkeiten.

23 Pasticceria Marnin Adresse: Piazza San Antonio, 6600 Locarno/Schweiz
Tel: 0041 (0)91 7517187 Internet: www.marnin.ch
Öffnungszeiten: Täglich 9.00 – 18.00 Uhr, außer Sonntag

BRANCHES
1.30

MARNIN
PASTICCERIA
Locarno - Ascona
Amaretti al Kirsch

ASCONA, BRISSAGO & CANNOBIO

Nur wenige Minuten von Locarno entfernt befindet sich der Küstenort Ascona: kleiner als sein Nachbar, etwas weniger mondän und touristisch, doch nicht weniger schick. Der interessanteste Teil Asconas ist der Monte Verità, der sich im Westen der Stadt hochzieht. Heute stößt man hier hauptsächlich auf luxuriöse Villen und dicke Autos, denn den atemberaubenden Blick über den Lago Maggiore können nur wenige bezahlen. Doch vor hundert Jahren sah das noch ganz anders aus. Nackte im Garten arbeitende Vegetarier; Junge Frauen die in für damalige Verhältnisse revolutionär kurzen Turnanzügen Yoga machten, und kreative Menschen aus aller Welt, zusammenlebend in freien Kommunen. Anfang des 20. Jahrhunderts war der Monte Verità – und vor allem seine Bewohner – ein riesiger Skandal und ein Zentrum für neue Lebensformen, wie z.B. Pazifismus oder Anarchismus. Außerdem war er die Heimat einer der ersten vegetarischen Kommunen des Westens.

Fährt man weiter am Ufer des Lago Maggiore, erreicht man Brissago. Die Gemeinde setzt sich aus mehreren Weilern sowie einigen Inseln zusammen. Letztere sind bekannt für ihren botanischen Garten, der im Jahr 1855 angelegt wurde und in dem über 1500 Pflanzenarten wachsen, darunter auch Palmen, Eukalyptus und Bambus.

Brissago liegt direkt an der italienischen Grenze. Von hier aus ist es ein Katzensprung nach Cannobio, dem ersten und auch einem der hübschesten italienischen Orte am Lago Maggiore.

MONTE VERITÀ BAUHAUS-HOTEL

Das Monte Verità liegt, wie es der Name verrät, ganz oben auf dem gleichnamigen Berg oberhalb von Locarno. In einer riesigen Parkanlage verteilen sich mehrere Villen sowie das Hauptgebäude – das Bauhaushotel. Insgesamt 88 Betten umfasst das Monte Verità sowie zahlreiche Tagungs- und Konferenzräume.

Das Highlight ist selbstredend das Haupthaus, erbaut von dem Architekt Emil Fahrenkamp in den Jahren 1927 bis 1929 im Auftrag des deutschen Bankiers und Kunstsammlers Baron Eduard von der Heydt. Der Baron war der letzte Eigentümer des Hügelgeländes, nach dessen Tod ging es in den Besitz des Kantons Tessin über. Die Zimmer und Flure des Bauhaushotels wurden in den letzten Jahren unter Wahrung der Bauhaus-Stilelemente renoviert und sind bis heute konsequent mit Bauhausmöbeln eingerichtet. Spartanisch, aber wahrscheinlich das Stylischste und Geschmackvollste, was das Tessin zu bieten hat. Unbedingt sollte man ein Zimmer im Haupthaus und mit Balkon mieten. Die Aussicht ist fantastisch und das Erlebnis einmalig. Die Villen sind alle individuell eingerichtet und von unterschiedlicher Größe. Hier hat man den Vorzug einer eigenen großen Terrasse sowie einer Küche. Letztere ist insbesondere morgens ein Genuss, da das Frühstück im Hotel doch sehr schlicht ausfällt: abgepackte Butter und Marmelade statt hausgemachte Kost.

24 Monte Verità Bauhaus-Hotel Adresse: Strada Collina 84, 6612 Ascona/ Schweiz Tel: 0041 (0)91 7854040 Internet: www.monteverita.org
Preise: DZ ab 210 CHF

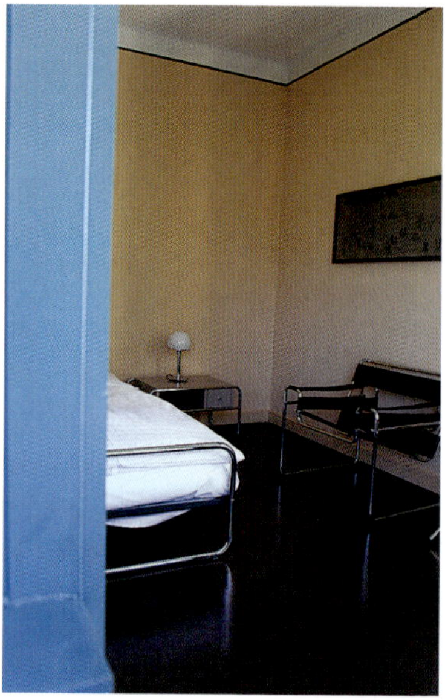

DA GINA

Unter dem dichten grünen Pflanzendschungel der Pergola reihen sich lange Steintafeln mit dunkelroten Tischdecken. Große Industrielampen beleuchten die einzelnen Tische und sorgen für ein modernes City-Feeling. In einer anderen Ecke der Terrasse befindet sich die Bar Area, mit hölzernen Stehtischen und Schaffellen auf den Hockern. Im Innenraum des Restaurants wird dieser Stil fortgesetzt. Es ist eine Mischung aus modernem Hüttenfeeling, Industrialchic und Biergarten.

Seit 2009 führen Christoph Eichenberger und Gina Sprenger ihr Restaurant Da Gina. Während sie Namensgeberin ist und aus Norddeutschland stammt, ist er gebürtiger Schweizer. Das Konzept der beiden ist die Kombination von Pizza und Grill. Für Ersteres ist ein italienischer Pizzabäcker verantwortlich, der die riesigen Pizzen in einem Steinofen zubereitet. Seine Kreationen reichen von klassisch italienischen Pizzen bis hin zu ausgefallenen Kombinationen mit Ananas und Mascarpone oder Rauchlachs und Zwiebelringen. Auf den Grill kommen Spareribs, Kalbsossobucco, Steak, Scampi und der tägliche Fang aus dem See. Außerdem gibt es Salate, Antipasti und hausgemachte Pasta. Das Da Gina ist eine unkomplizierte Alternative zu den allgegenwärtigen Grotti.

25 Da Gina Adresse: Viale Monte Verità 19, 6612 Ascona/Schweiz
Tel: 0041 (0)91 7912740 Internet: www.dagina.ch
Öffnungszeiten: Täglich 11.30 – 14.00 Uhr und 17.30 – 24.00 Uhr

ristorante
da Gina
grill bar pizza

PASTICCERIA ZANZOTTERA

Die Pasticceria Zanzottera ist eine Institution in dem beschaulichen Ort Brissago. Hier kommen ältere Männer zum Zeitungslesen her, ein paar Großmütterchen treffen sich zum Schnacken und Geschäftsleute erholen sich nach der Arbeit bei einem Bierchen oder kippen zwischen zwei Terminen schnell einen Espresso runter. Seit sechzig Jahren wird das Café von der Familie Solari geführt. Ihre Spezialität sind Pannetone und Amaretti, doch wenn man es genau nimmt, ist es einfach nur ein schöner Ort für eine Cappuccino-Pause. Das Ambiente ist ein bisschen altmodisch und genau das macht den Charme der Pasticceria aus: altrosa Tischdecken, hellrosa Wände, Gemälde im goldenen Bilderrahmen zieren die Wände und auf dem Marmorfußboden steht Mobiliar, das auch aus dem Wohnzimmer unserer Großeltern stammen könnte. Vor dem Café stehen ein paar Tische in der Sonne mit Blick auf den Lago Maggiore. Nur leider wird der Blick getrübt von den vorbeifahrenden Autos, da das Café direkt an einer der Durchgangsstraßen des Ortes liegt.

26 Pasticceria Zanzottera Adresse: Via R. Leoncavallo 38, 6614 Brissago/ Schweiz Tel: 0041 (0)91 7931550
Öffnungszeiten: Täglich 8.00-18.00 Uhr

SHARP

OSTERIA BOREI

In dem Grotto Borei herrscht Frauenpower pur. Am Herd steht Fiorella und ihre beiden Töchter Sara und Elisa schmeißen das Restaurant. Sie sind die dritte Generation von Frauen aus der Familie Battistessa, die die Gäste des Grotto mit selbst gemachten Gitzi, Kürbisravioli, Rinderschmorbraten oder Risotto verwöhnen. Dazu gibt es Weine aus der Region.
Gegründet wurde das Grotto von Fiorellas Mutter Ersilia in den 70er-Jahren, die beschloss, für die vorbeiziehenden Wanderer einen Ort der Erholung und der Stärkung zu schaffen. Und was für ein Ort! Das Grotto Borei liegt weit oberhalb Brissagos und bietet einen spektakulären Blick auf den Lago Maggiore sowie die Gipfel Cardada, Pizzo Vogorgno, Comoghé, Monte Tamaro. Bei guter Sicht erkennt man sogar die Schlösser von Bellinzona. Es ist wohl eine der schönsten Aussichten, die ein Grotto im Tessin bieten kann. Man sitzt auf kleinen Terrassen und Sitzecken, die auf verschiedene Levels verteilt sind, mitten im Grünen, die Sonne im Gesicht und unter einem der funkelnde See. Kein Wunder, dass sich Ersilias Betrieb in den letzten 40 Jahren von einer kleinen Wirtschaft zu einem beliebten Ausflugsziel entwickelt hat und angewachsen ist: auf ca. 70 Plätze draußen und 40 im gemütlichen Kaminzimmer. Hinzu kommen die wirklich ausgezeichnete Küche und die tollen Frauen der Familie Battistessa – ein Lieblingsort!

27 Osteria Borei Adresse: Via Ghiridone c.p. 263, 6614 Brissago/Schweiz
Tel: 0041 (0)91 7930195 Internet: www.osteriaborei.ch
Öffnungszeiten: Täglich ab 10.00 Uhr, Küche ab 12.00 Uhr. Im Sommer Donnerstag geschlossen. März/April/Mai: Mittwoch und Donnerstag geschlossen. Dezember bis 1. März geschlossen

rivela

☞ Wanderung zum Gipfel Gridone

Entweder nach dem Festmahl in dem Grotto Borei oder davor bietet sich das Grotto als Ausgangsort für eine Wanderung zum Gipfel Gridone an. Mit 2188 m. ü. M. ist er der höchste Gipfel am Ufer des Lago Maggiore und garantiert eine grandiose Aussicht von 360 Grad auf die Schweizer- und italienischen Berge.
Vom Grotto aus wandert man ca. zwei Stunden bis zur Capanna al Legn, einer kleinen Schutzhütte für müde Wanderer. Von hier aus ist man in weiteren ein-zwei Stunden, je nach Fitness, auf dem Gipfel.

OSTERIA BOATO

Frischeren Fisch als bei Corinna Boato gibt es nicht! Schließlich sind ihr Vater und ihr Großvater Fischer. Ersterer fährt nach wie vor jeden Morgen auf den Lago Maggiore hinaus, um für das Restaurant seiner Tochter Fisch zu fangen. Das Restaurant liegt direkt am See in dem ehemaligen Bootskeller von Corinnas Großvater, so dass der Fisch tatsächlich direkt aus dem Wasser in die Küche kommt, wo er von Corinnas Team z.B. zu Tintenfisch-Carpaccio, Suppe mit Flusskrebsen und Fischbällchen oder der Spezialität des Hauses, Fisch in Salzkruste, verarbeitet wird.
Es gibt nicht viele Restaurants direkt am See, die nicht von Touristen überlaufen werden und keine schlechte Qualität zu überteuerten Preisen anbieten – sogenannte Tourist Traps. Die Osteria Boato gehört definitiv nicht dazu, trotz ihrer ausgezeichneten Lage. Insbesondere mittags zieht sie hauptsächlich die lokale Bevölkerung an, die sich ein Gläschen Weißwein und eine Forelle in der Sonne gönnt. Die Einrichtung des ehemaligen Bootskellers ist schlicht, aber schön: weiß getünchte Wände, gewölbte Decken, schlichtes Holzmobiliar. Viel Platz gibt es im Innenraum nicht, dafür aber auf der Terrasse, die einrichtungstechnisch mit dem Plastikmobiliar leider etwas abfällt, doch die Lage am See macht alles wieder wett.

28 Osteria Boato Adresse: Viale Lungolago, 6614 Brissago/Schweiz
Tel: 0041 (0)91 7809922 Internet: www.osteriaboato.ch Öffnungszeiten:
Täglich 9.00 – 24.00 Uhr März – April: Montag geschlossen.
20. Oktober – 17. März geschlossen

Grottino
SCURONE
PRODOTTI TIPICI
WE'RE
OPEN

BOTTEGA SCURONE

Einer der schönsten Orte in Cannobio ist die Bottega Scurone. Die winzige Bar liegt nur einige Meter von der Seepromenade entfernt und ist doch gut versteckt in einer kleinen Seitengasse, so dass hauptsächlich Einheimische den Weg hierherfinden.

Die Bottega Scurone steht für alles, wofür wir Italien lieben. Im Innenraum finden nur vier Tische Platz. Zwei weitere quetschen sich auf die Terrasse und ein dritter steht eigentlich schon in der Gasse. Die Bar ist zu jeder Tageszeit gut frequentiert von schwer bepackten Marktbesuchern, zeitungslesenden Weintrinkern und hungrigen Familien. Hier kommt man vor dem Mittagessen oder Abendessen zusammen und diskutiert die Ereignisse der Woche bei einem Sprizz und Oliven. Doch die wahre Sensation findet hinter dem Tresen statt. Auf nicht mal 2 m^2 und in Lichtgeschwindigkeit wirbeln zwei eifrige Barrista umher und werfen nur so die Espressi, Cappuccini, Sprizz und diverse Käse- und Aufschnittplatten hinter der Theke hervor. Dass der Kaffee hervorragend, der Sprizz großartig, der Wein erlesen und das Essen göttlich ist, versteht sich an dieser Stelle wahrscheinlich von selbst.

29 Scurone Bottega e Grottino Adresse: Piazza Vittorio Emanuele III – Traversa Scurone 7, 28822 Cannobio/Italien Tel: 0039 334 8347533 Internet: www.scurone.it Öffnungszeiten: im Sommer täglich 10.00 – 24.00 Uhr, im Winter täglich außer Mittwoch

BENVENUTI
SCURONE
IN DEGUSTAZIONE
GAVI
CANNONAU
MERLOT
OPEN

BENVENUTI
allo
SCURONE

☞ Canobbio

Der beschauliche italienische Ort Cannobio ist einen Tagesausflug wert. Er liegt am westlichen Ufer des Lago Maggiore, direkt hinter der schweizerisch-italienischen Grenze. Rosafarbene, rote, gelbe und orange Häuser aus dem 18. und 19. Jahrhundert ziehen sich entlang der Seepromenade, an der auch schon an normalen Tagen reges Treiben und an Markttagen (Sonntag) der Ausnahmezustand herrscht. Sie ist eine der schönsten Promenaden am Lago Maggiore und man sollte es nicht verpassen sie entlang zu flanieren.

SMART
TRAVELLING

GUT ZU WISSEN

Das Tessin ist sehr vielseitig und hat mehr zu bieten, als sich in einem Buch festhalten lässt. Darum erfahren Sie hier nur das, was für eine perfekte Woche interessant und nützlich sein könnte: Wissenswertes über die Tessiner Kultur und Lebensart, eine kleine subjektive Auswahl an Sehenswürdigkeiten, auserlesene kulinarische Highlights und Tipps für Unternehmungen.

TESSIN UND DIE SPRACHE

Im Tessin ist Italienisch die Amtssprache. Damit ist der Kanton Tessin der einzige Kanton der Schweiz, in dem in allen Teilen Italienisch als offizielle Sprache gilt. Im Nachbarkanton Graubünden wird nur teilweise Italienisch gesprochen. Fast alle Tessiner sprechen neben Italienisch jedoch auch Deutsch und ein abnehmender Teil Tessiner beherrscht noch lokale Dialekte, die zum Lombardischen gehören. Diese norditalienischen Dialekte haben einen galloromanischen Hintergrund. Sie enthalten viele nasale Laute und viele Ausdrücke ähneln dem Französischen, weswegen man sich vom Klang her Frankreich oft näher fühlt als Italien.

Das Grotto war ursprünglich eine schattige, kalte Felsgrotte oder ein Keller, den die Leute als Kühlschränke und oft auch als Aufenthaltsräume bei starker Hitze nutzten. Später kamen Vorplätze mit Steintischen hinzu, an denen es an den Wochenenden Verkostungen von hausgemachten Produkten gab.

Im Laufe der Jahre haben sich viele dieser Grotti zu kleinen Restaurants gewandelt.

Heute werden fast alle rustikalen Wirtschaften, egal ob sie zu einem Grotto gehören oder nicht, als Grotti bezeichnet. Es ist das Tessiner Lokal schlechthin.

Bei allem Wandel haben es sich die Grotti bewahrt, hauptsächlich regionale, hausgemachte Spezialitäten anzubieten, wie Wurstwaren aus der Hausschlachtung, Minestrone, Risotto, Polenta in allen Variationen, Käse und Kaninchen. Dazu gibt es einen Merlot, der oft im typischen Tazzino (Tonschälchen) gereicht wird.

Während viele Restaurants im Tessin recht strikte Essenszeiten haben, ist ein Großteil der Grotti den ganzen Tag geöffnet und serviert kleine Zwischenmahlzeiten – die Spuntini.

Die Grotti von Cama

Wer nicht genug von den Grotti bekommen kann oder sich etwas ausführlicher mit ihrer kulturellen Geschichte und Beschaffenheit auseinandersetzen möchte, der sollte die Grotti von Cama besuchen. Die Grotti liegen im Hochtal von Cama, direkt an der Grenze vom Tessin zu Graubünden. In den letzten Jahren ist hier ein komplettes Grotto-Dorf wiedererstanden. Einige der Grotti sind für die Öffentlichkeit zugängig, und auf einem Lehrpfad mit Hinweistafeln kann man mehr über die Geschichte und Bedeutung der Grotti lernen.

Val Cama, 6557 Cama/Schweiz
Internet: www.grottidicama.ch
Öffnungszeiten: Täglich

Die traditionelle Tessiner Küche geht zurück auf die ländliche und arme Vergangenheit der Region. Über Jahrhunderte waren insbesondere in abgelegeneren Gegenden, wie dem Malcantone- oder dem Onsernone-Tal, Kastanien das Hauptnahrungsmittel. Es war das Brot der Armen, das morgens, mittags und abends aufgetischt wurde. Hinzu kam alles, was die Äcker und die bescheidene Viehzucht so hergaben. Hafer, Roggen, Hirse, Gemüse und manchmal Käse. Beeinflusst wurde die Tessiner Küche mehr von Italien als von der Schweiz. Insbesondere die Nachbarregionen Lombardei und Piemont prägten die Tessiner Küche sehr und brachten Polenta und Risotto in die Berge.

Polenta

Polenta ist ein Maisbrei, der in früheren Jahrhunderten als das Armeleuteessen von Spanien bis Südrussland galt. Bis in das 19. Jahrhundert wurde die Tessiner Polenta hauptsächlich mit Hirse oder Buchweizen zubereitet. Erst nach und nach setzte sich die aus Italien stammende Zubereitungsart mit Mais durch. Traditionell wird Polenta in einem Kessel über dem offenen Feuer zubereitet. Der Maisgrieß wird langsam in kochendes Salzwasser eingerührt. Danach wird kontinuierlich für mindestens eine Stunde weitergerührt, damit der Brei eine glatte Konsistenz erhält und vor allem nicht anbrennt. Die fertige Polenta kann pur gegessen werden, schmeckt aber besser mit Käse, Gemüse oder Fleischbeilage.

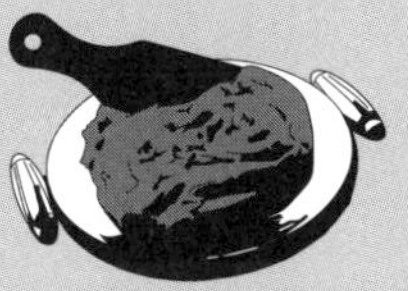

Das Originalrezept

Zutaten für 6 Personen:
2 l gesalzenes Wasser
500 g Maismehl

Zubereitung

1 l Wasser in einem Kupferkessel auf dem Kaminfeuer zum Sieden bringen (einen weiteren Liter Wasser bereithalten, der während des Kochens zugegeben wird). 350 g Maismehl einstreuen und mit einem langen Kochlöffel umrühren. Nach 15 Minuten das restliche Mehl dazugeben sowie ein halbes Glas kochendes Wasser. Weiterrühren und ab und zu vom

Reservewasser zugeben. Dies während ca. 1 Stunde, bis die Masse fertig gekocht ist. Die Polenta auf ein Holzbrett stürzen und in Scheiben schneiden. Polenta wird heiß gegessen.

Risotto

Sie werden im Tessin wohl kaum ein Restaurant finden, das kein Risotto anbietet. Die Vielfalt reicht von Steinpilz- oder Traubenrisotto bis hin zum Risotto mit Luganighe (Grillwürsten). Im Gegensatz zur Mailänder Kochart wird das Tessiner Risotto mit Rotwein anstelle des Weißweins abgeschmeckt.

Valle-di-Maggia-Brot

Das Brot aus dem Maggia-Tal begegnet einem im Tessin nicht nur in ebendiesem Tal, es ist allgegenwärtig. Das leckere Sauerteigbrot mit der harten Kruste und dem fluffigen Inneren wird zu jeder Mahlzeit gereicht.

Amaretti

Bittersüß, außen brüchig und innen weich – das ist der Geschmack des Tessins. Die mundgerechten Mandelbiskuits sind aus der Region nicht wegzudenken, dabei sind sie eher zufällig beim Guetzlibacken (Keksebacken) entstanden. Bei der Herstellung der eigelbreichen Guetzli blieb immer das Eiweiß übrig. Ein kreativer Bäcker entschied sich, dieses nicht wegzuschmeißen, sondern es mit Zucker und Mandeln weiterzuverarbeiten. Darüber ob die Erfindung nun italienisch oder tessinerisch ist, lässt sich lange streiten, Fakt ist, dass die süßen Mandelbiskuits seit über 200 Jahren zur Tessiner Küche gehören.

Kastanien

Einst waren die kohlenhydratreichen Maroni oder Kastanien Hauptnahrungsmittel der Landbevölkerung. Heute sind sie vielmehr eine Köstlichkeit, die man zwischendurch mal schnabuliert, z.B. in Form von gerösteten Maroni. Teils gelten sie auch als Delikatesse und beliebtes Reisemitbringsel in Form von Kastanienbrot, Kastanienpüree oder Kastanienpasta.

Pasta

Pasta ist im Tessin fast so verbreitet wie in Italien. Insbesondere selbst gemachte Ravioli oder Gnocchi sind oft auf den Speisekarten zu finden. Achten Sie darauf, dass Sie hausgemacht sind, was mit produzione propria, produzione casalinga oder fatto in casa ausgezeichnet wird.

Farina Bóna

Die Farina Bóna ist ein traditionelles Produkt aus dem Onsernone-Tal. Es handelt sich um ein sehr feines Mehl aus gerösteten Maiskörnern.
Früher war dieses Maismehl, vermischt mit Milch, Wasser oder Wein, Teil der Alltagskost der Onsernonesi. Heute wird es vielfältiger eingesetzt, zum Beispiel für Kekse, Kuchen, aber auch Piadina oder Gnocchi. Es ersetzt teils das bei uns gebräuchliche Weizenmehl.

Zincarlin

Den Zincarlin erkennt man an seiner unverwechselbaren Form, die an eine umgekippte kleine Tasse erinnert. Es ist eine Variante des Tessiner Frischkäses und besteht aus Kuhmilch und etwas Ziegenmilch. Der Zincarlin wird hauptsächlich im Muggio-Tal hergestellt. Er reift in Untertagekellern des Monte Generoso. Seine Oberfläche wird regelmäßig mit Weißwein und Salz behandelt, was ihm einen für einen Frischkäse ungewöhnlich intensiven und einzigartigen Geschmack verleiht. Außerdem verhindert die tägliche Pflege unerwünschten Schimmel.

Merlot

Mehr als vier Fünftel des Rebbestands im Tessin besteht aus Merlot. Die Traube ist ideal für die einerseits sehr sonnige und andererseits auch sehr regenreiche Region. Das Tessin ist ein noch sehr junges Weinanbaugebiet, insbesondere für Merlot, das sich jedoch seit den 80er-Jahren auch international einen ausgezeichneten Ruf erarbeitet hat. Das Qualitätszeichen „VITI" (Vini Ticinesi) bürgt für echten Tessiner Merlot. Die namhaftesten Weingüter in der Region sind die von Christian Zündel, Daniel Huber, Werner Stucky und Adriano Kaufmann:

Christian Zündel
6981 Beride/Schweiz
Tel: 0041 (0)91 6082440
Öffnungszeiten: Nach Vereinbarung

Werner Stucky
Cantina del portico,

6802 Rivera/Schweiz
Tel: 0041 (0) 91 9461282
Internet: www.cantinadelportico.com
Öffnungszeiten: Nach Vereinbarung

Adriano Kaufmann
Beride di Bedigliora , 6981 Beride/Schweiz, Tel: 0041 (0) 91 6081371
Öffnungszeiten: Nach Vereinbarung

Rundgang: Tracce d'uomo (2 Std.)

All denjenigen, deren Interesse an Wein über ein gutes Gläschen am Abend hinausgeht, legen wir den Tracce d'uomo ans Herz. Der zweistündige Spaziergang führt rund um das Castelrotto, einer ausgezeichneten Weinregion. Unterwegs passiert man Degustations- und Verkaufsstellen, durchquert Beride, die Schaffensstelle von Zündel und Kaufmann, kommt an kleinen Kirchen aus dem 12. und 13. Jahrhundert vorbei, läuft durch romantische Wälder und natürlich entlang von Weinhängen. Es ist ein Spaziergang zu den Ursprüngen des Merlots im Tessin.

Ausgangspunkt für den Rundgang ist der Parkplatz beim Schulzentrum Lüsc. Man geht zu Fuß einige hundert Meter die Straße entlang in Richtung Castelrotto und stößt dann auf die ersten Wegweiser, auf denen *Tracce d'uomo* steht.

Kaffee

Ähnlich wie in Italien herrschen auch im Tessin strenge Kaffeesitten. Jede Mahlzeit wird mit einem Kaffee abgeschlossen, aber bestellen Sie bloß keinen Cappuccino, damit outen Sie sich sofort als unwissender Tourist. Nach dem Essen gibt es einen Espresso, den man im Tessin jedoch Caffè Liscio nennt. Hätten Sie gerne einen Schluck Milch dazu, dann bestellen Sie einen Caffè Macchiato. Haben Sie zu viel Polenta gegessen, empfehlen wir einen Caffè Corretto – mit Grappa!

Nocino

Kein Tessinbesuch ohne Nocino! Der süße Nussnektar mit der frischen Note gehört als Digestif zu einem guten Abendessen einfach dazu. Die meisten Gastwirte, so wie viele Familien, stellen ihren Nocino selber her. Dementsprechend viele Rezepte und Geschmacksvariationen gibt es. Doch im Grunde genommen wird Nocino aus unreifen Walnüssen gewonnen. Diese werden im Sommer gesammelt, wenn sie noch in ihrer grünen Fruchthülle stecken. Dann werden sie in Scheiben geschnitten, mit Zucker bedeckt und in einem Glasbehälter in die Sonne gestellt, so dass die Flüssigkeit aus den Nüssen sich mit dem Zucker verbindet. Danach wird hochprozentiger Alkohol, oft Grappa, dazugegeben und das Gemisch muss erneut in der Sonne reagieren. In den folgenden Tagen wird regelmäßig gerührt und das Getränk mit diversen Gewürzen bereichert. Bevor der Nocino genussbereit ist, muss er noch gefiltert werden und dann erneut zwei Monate ruhen, diesmal jedoch im Dunklen. Teils finden Sie Nocino auch unter der Bezeichnung Ratafià.

KULTUR, DIE MAN NICHT VERPASSEN SOLLTE

Museo Comunale d'Arte Moderna in Ascona

Das Museum für Moderne Kunst in Ascona ist bekannt für seine umfassende Sammlung von Werken der russischen Künstlerin Marianne Werefkin, einer Schlüsselfigur der Avantgarde und der künstlerischen Gruppierung Der Blaue Reiter. Neben den Werken von Werefkin befinden sich in der Sammlung u.a. Werke von Paul Klee, Robert Genin, Ernst Frick, Otto van Rees und Otto Niemeyer.
Seit kurzem verfügt das Museum für Moderne Kunst über einen zweiten Sitz im Castello San Materno, der sich am Dorfeingang befindet und in dem die Sammlung der Stiftung Alten mit Werken von in Nordeuropa im 19. und 20. Jh. bekannten Künstlern ausgestellt wird.

MUSEO
COMUNALE
D'ARTE
MODERNA
ASCONA

Museo Comunale d'Arte Moderna
Via Borgo 34, 6612 Ascona/Schweiz
Tel: 0041 (0)91 7598140
Internet: www.museoascona.ch

Museo Castello San Materno
Via Losone 10, 6612 Ascona/Schweiz
Tel: 0041 (0)91 7598160

Museo Cantonale d'Arte Lugano

Seit 1987 ist das Museo Cantonale d'Arte eine der wichtigsten Kulturinstitutionen im Tessin. Es stellt sowohl zeitgenössische als auch temporär periodische Kunst aus. In seiner permanenten Sammlung zeigt es einen Querschnitt durch die Kunstgeschichte des 19., 20. und 21. Jahrhunderts mit besonderer Berücksichtigung des Tessins.

Via Canova 10, 6900 Lugano/Schweiz
Tel: 0041 (0)91 8157971
Internet: www.museo-cantonale-arte.ch

Lac au Lac

Das Lac au Lac wurde mit keinem kleineren Ziel ins Leben gerufen, als einen Ort zu schaffen, an dem die Kunst und Kultur der ganzen italienischen Schweiz zusammenläuft. Wenn es im Herbst 2015 seine Türen öffnet, soll es ein Museum, einen Konzertsaal und ein Theater beherbergen. Das Museum umfasst eine permanente Ausstellung, die bislang noch im Museum Cantonale d'Arte zu sehen ist und bietet Raum für wechselnde Ausstellungen zeitgenössischer Kunst. Gelegen ist der Bau des Architekten Ivano Gianola in Lugano nur wenige Meter vom See entfernt, wo einst das Grand Hôtel Palace stand. Das Grand Hôtel Palace ist eines der Wahrzeichens der Stadt aus dem 19. Jahrhundert. Nachdem die Bürger Luganos sich gegen den Abriss des historischen Gebäudes ausgesprochen hatten, kaufte es die Stadt. Teile der Fassade sollen erhalten bleiben und mit dem modernen Museumsbau kombiniert werden.

6901 Lugano/Schweiz
Tel: 0041 (0)58 8666811
Internet: www.luganolac.ch

Museo Hermann Hesse

Das Herman-Hesse-Museum befindet sich im Torre Camuzzi, einem Teil der Casa Camuzzi, in dem der Schriftsteller ein paar Jahre wohnte. Hier schrieb er einige seiner bedeutendsten Werke, wie „Klingsors letzter Sommer", „Siddharta", „Narziss und Goldmund", „Der Steppenwolf" sowie zahlreiche Gedichte und Erzählungen. Die Ausstellung zeigt wertvolle Zeugnisse aus den 43 Lebensjahren, die der Dichter und Maler von 1919 bis zu seinem Tod 1962 in Montagnola verbracht hat, sowie Dokumentarfilme. Wer die Muße hat, kann in dem Garten des Museums in Büchern von Hesse schmökern oder auf dem Rundweg „Auf den Spuren von Hermann Hesse" lustwandeln.

Torre Camuzzi – Ra Cürta,
6926 Montagnola
Tel: 0041 (0)91 9933770
Internet: www.hessemontagnola.ch

Chiesa di San Giovanni Battista, entworfen von Mario Botta

An Kirchen mangelt es dem Tessin nicht. Fast jedes Dorf hat eine und manche haben auch zwei. Oft sind es schlichte Steinbauten, die sich unauffällig in die Landschaft (das Landschaftsbild) einfügen. Anders in dem kleinen Weiler Mogno im Maggia-Tal. Nachdem die ehemalige Kirche von einer Lawine zerstört wurde, der auch ein Dutzend Häuser zum Opfer fielen, baute der bekannte Tessiner Architekt eine neue Kirche. Der von außen elliptische Bau mit schrägem Dach und schwarz-weiß gestreift ist ein Meisterwerk der Architektur.

6684 Campo/Schweiz

Teatro San Materno

Neben dem Bauhaus-Hotel auf dem Monte Verità hat das Tessin ein weiteres wichtiges Gebäude aus der Bauhaus-Ära – das Teatro San Materno. Entworfen wurde es Ende der 20er-Jahre von dem Bremer Architekten Carl Weidemeyer für die Tänzerin Charlotte Bara. Ähnlich wie das Bauhaus-Hotel ist das Theater ebenfalls unter Wiederherstellung des Originalzustandes saniert worden und fungiert, wie der Monte Verità, als wichtiges regionales Kulturzentrum.

Via Losone 3, 6612 Ascona/Schweiz
Tel: 0041 (0)91 7923037
Internet: www.teatrosanmaterno.ch

teatro san materno

Wochenmarkt in Bellinzona

Elegante Palazzi, Barock verzierte Kirchen und der Duft von frisch gebackenem Brot, saftigem Schinken und die süßlichen Aromen von sonnengereiften Früchten – jeden Samstag verwandelt sich Bellinzona in ein Mekka für Feinschmecker. Eng an eng quetschen sich die Marktstände an der kleinen Piazza Nosetto. Hier gibt es Tessiner Spezialitäten wie Käse aus der Leventina und dem Maggia-Tal, nach alten Rezepten hergestellte Würste und knuspriges Tessiner Brot. Es ist einer der schönsten Märkte des Tessins.

Piazza Nosetto, Centro storico,
6500 Bellinzona/Schweiz
Öffnungszeiten: Jeden Samstag von 8.00 – 13.00 Uhr

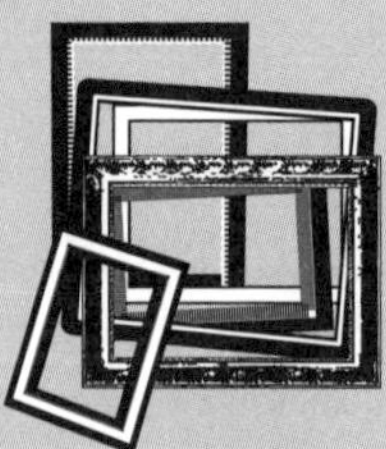

Antiquitätenmarkt in Lugano

Jeden Samstag verwandelt sich die Via Canova und die Piazzetta San Rocco in einen bunten Markt, auf dem Liebhaber von Antiquitäten voll auf Ihre Rechnung kommen. Im Angebot sind Bücher, Bilderrahmen, Silber- und Kristallwaren sowie vereinzelte Möbelstücke.

Piazzetta San Rocco,
6900 Lugano/Schweiz
Öffnungszeiten: Samstag von 8.00 – 17.00 Uhr

Markt in Locarno

Jeden Donnerstag verzaubern die Marktfahrer die Piazza Grande in Locarno in ein buntes Durcheinander aus Käse, Honig, Eier, Früchte, Gebäck, Würste und Gemüse sowie handwerklichen Erzeugnissen, Bildern, Schallplatten und Kleidern. Die Qualität von Letzteren ist minder, aber die Lebensmittel sind dafür umso leckerer.

Piazza Grande, 6600 Locarno/Schweiz
Öffnungszeiten: Jeden Donnerstag von 9.00 – 17.00 Uhr

Rundgang: Bavona-Tal
(Dauer ca. 5 Std.)

Das Tessiner Bavona-Tal ist eines der ursprünglichsten Täler des Tessins. Seine Bewohner kommen seit eh und je ohne Strom aus und haben auch nicht vor, das in den nächsten Jahrzehnten zu ändern. Man hilft sich mit Solarzellen, kleinen Wasserturbinen, einem Holzgrill oder Gas.

Das Bavona-Tal gilt als das steinigste und steilste Tal des Tessins, so steil, dass es im Winter nicht mehr zu bewohnen ist. Zu groß ist die Gefahr, die von Schnee und schweren Regenfällen ausgeht. Doch die Menschen des Tals haben es gelernt, die schwierige Natur für ihre Bedürfnisse zu nutzen. Das beste Beispiel dafür sind die sogenannten *sprügh* (Bauten unter den Felsen). Die massigen Felsbrocken, die Steinrutsche in das Tal gebracht haben, wurden umfunktioniert zu schützenden Unterschlupfen, die als Haus und/oder Stall dienen. Die „Dächer" bzw. die oberen Flächen der Steinbrocken dienen als Gemüsegärten.

Die Wanderung durch das Bavona-Tal beginnt in Bignasco oder in Cavergno und führt durch traumhafte Kastanienwälder, vorbei an zahlreichen Sprüghs, durch das Dorf Foroglio mit seinem bekannten Wasserfall und einer kleinen Kirche, in der sich ein interessanter Altar aus dem 16. Jh. befindet, weiter nach Sonlerto bis nach San Carlo. Von hier aus kann man die Seilbahn nach Robiei nehmen oder mit dem Postauto nach Bignasco oder Cavergno zurückfahren.

Rundgang: Gletscherpfad von Robiei
(Dauer ca. 6 Std.)

Die von der Fauna und Flora her wohl reizvollste Wanderung ist der Rundweg um den Gletscher Basodino. Der Basodino-Gletscher erstreckt sich über eine Fläche von 2 km² und liegt zwischen 2500 und 3120 Meter Höhe. Die Umgebung ist Lebensraum von Steinböcken, Gämsen, Murmeltieren, Hasen, Hermelinen, Feldmäusen und unzähligen Vögeln, darunter sogar der majestätische Königsadler.

Die beste Zeit für eine Wanderung sind die Monate Juli und August, da die Fauna dann am üppigsten ist.

Die Wanderung beginnt in Robiei, das man mit der Seilbahn von San Carlo im Bavona-Tal aus erreicht. Von hier aus führt der Gletscherpfad durch die alpine Landschaft bis auf eine Höhe von 2340 Metern. Anfangs- und Endpunkt ist Robiei, das auf 1890 m liegt. Der Weg weißt keine besonderen Schwierigkeiten auf, ist aber dennoch anspruchsvoller als ein normaler Spazierweg und man sollte eine passende Ausrüstung dabeihaben und sich im Voraus gut über die Wetterbedingungen informieren.

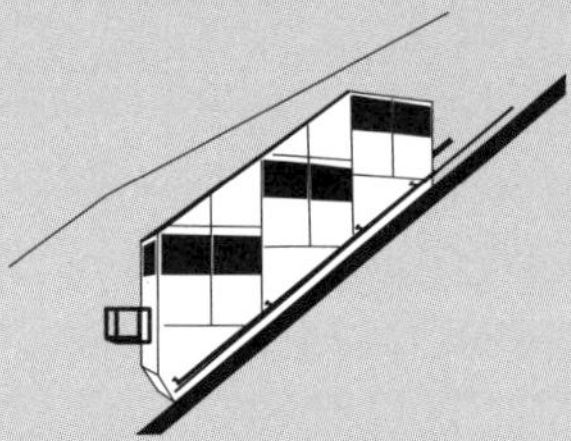

Die Wanderung zu den drei Seen (Dauer ca. 6 Std.)

Diese Wanderung beginnt mit einer Fahrt in der steilsten Drahtseilbahn Europas. Sie startet in Piotta, im oberen Leventina-Tal, und hat eine Neigung von 87 %. Doch ist die Fahrt erst einmal überstanden, geht es gemütlich weiter. Das Piora-Tal ist eines der lieblichsten Täler des Tessins. Weitläufige Weiden, sanfte Hügel und klare, kleine Seen prägen die Landschaft. Vom Endpunkt der Drahtseilbahn, unweit des Ritom-Staudamms, hat man eine unglaubliche Aussicht über die alpine Landschaft. Von dort aus beginnen mehrere Wanderwege. Besonders schön ist die hier vorgestellte Wanderung zu den drei Seen. Der erste See am Wegesrand ist natürlich der Ritom, wo die Wanderung beginnt. Von hier aus geht es eine sanfte, aber lange Steigung hinauf und wieder hinunter zum See Tom. Der Weg führt vorbei an grünen Wiesen, gespickt mit Farbtupfern, die sich bei näherem Hinsehen als Enziane, Ranunkeln und Arnika erkennen lassen. Folgt man dem Ufer des Tom, kommt man zum dritten See, dem Cadagno. Der perfekte Ort für eine kurze Pause, denn in der Alpe Piora wird ein ausgezeichneter Käse produziert. Wer eine längere Pause braucht, sollte in der Hütte Cadagno einkehren und sich mit Polenta oder Sahnetorte stärken.
Mit frischen Kräften geht es zurück über den „Lehrpfad zum Staudamm" und dann mit der Drahtseilbahn hinab in die Tiefe.

Lukmanier: Zur Quelle des Flusses Brenno (3 Std.)

Die Wanderung zu der Quelle des Flusses Brenno ist für alle, die es etwas ruhiger angehen lassen und sich mit einer einfachen und unbeschwerlichen Wanderung an das Tessin herantasten möchten. Sie führt über große Weiden, durch eine sanfte Hügellandschaft, über den Fluss

Brenno und vorbei an schneeweißen Kalkfelsen bis zur Alpe Pertusio und der dahinter liegenden Quelle. Der Rundweg dauert ca. drei Stunden und ist mit der Hinweistafel 3 ausgezeichnet. Das Gebiet des Lukmaniers ist sowohl mit öffentlichen Verkehrsmitteln als auch mit dem Auto leicht zu erreichen.

Mehr über die Wanderungen erfahren Sie unter: www.ticinotopten.ch

PANORAMEN, DIE MAN NICHT VERPASSEN SOLLTE

Monte Tamaro

Vom Gipfel des Monte Tamaro aus hat man einen atemberaubenden Rundumblick auf den Lago Ceresio und den Lago Maggiore sowie auf die sie umgebenden Täler, wie den Malcantone und das Bellinzonese. Auf den Tamaro geht es mit der Gondelbahn ab Rivera hoch zur Alpe Foppa (1530 m ü.M.) und dann zu Fuß weiter zum Gipfel (ca. 1 Std. 45 Min.). An der Alpe Foppa angekommen, sollte man unbedingt kurz pausieren und sich die vom Architekten Mario Botta entworfene Kirche Santa Maria degli Angeli ansehen.

Monte Lema

Vom Gipfel des Monte Lema aus kann man an klaren Tagen bis nach Mailand blicken. Unter einem erstrecken sich die Täler des südlichen Tessins, und der Luganersee sowie der Lago Maggiore glitzern um die Wette. In der Ferne sieht man die Graubündner und die Berner Alpen.

Monte Lema ist Ausgangspunkt für eine der spektakulärsten Wanderungen im Tessin: der Überquerung Tamaro – Lema. (ca. 5 Std.). Die Wanderung führt entlang des Bergkammes von Tamaro nach Lema oder andersrum. Teilweise hat die Strecke sehr steile Anstiege, doch die unglaubliche Aussicht, die einen den ganzen Weg über begleitet, entschädigt für alles.

Hoch auf den Monte Lema geht es mit der Drahtseilbahn ab Miglieglia.

Monte Brè

Tessin ist sowieso schon mit viel Sonne gesegnet, aber am sonnigsten geht es auf dem Monte Brè zu. Man sagt er sei der sonnigste Berg der Schweiz. Außer den vielen Sonnenstunden hat man von seinem Gipfel außerdem eine phänomenale Aussicht zum Monte Rosa und dem Golf von Lugano.

Eine Standseilbahn bringt einen von Lugano-Cassarte hoch zur Bergstation. Von hier aus ist man in ca. 15 Minuten in dem kleinen malerischen Dorf Brè, das besonders für Kunstliebhaber von Interesse ist. Hier lebten die Tessiner Künstler Pasquale Gilardi (1885-1934) und Luigi Taddei (1898-1992), der Schweizer Maler Wilhelm Schmid (1892-1971) und der Ungar Josef Birò (1887-1975). Überall im Dorf haben sie ihre Spuren hinterlassen, wie z.B. den Kreuzweg und die modernen Fresken in der Pfarrkirche, die von Birò kreiert wurden. Es gibt auch ein Wilhelm Schmid gewidmetes Museum, das Werke aus der Ära der „Neuen Sachlichkeit" und des nordischen „Magischen Realismus" zeigt.

Contrada Prò 22, 6979 Brè s/Lugano
Tel.: 0041 (0)58 8666910
Öffnungszeiten: April – Oktober Donnerstag – Sonntag 10.00 – 12.00 Uhr und 14.00 – 18.00 Uhr
Preise: Eintritt frei

ABENTEUER, DIE MAN SICH NICHT ENTGEHEN LASSEN SOLLTE

Canyoning

Sportlich gesehen hat das Tessin viel zu bieten – insbesondere natürlich für Radfahrer, Wanderer, Kletterer und Wassersportler. Doch seit einigen Jahren zieht es auch immer mehr Leute, die Lust auf Canyoning haben, in die Region. Mit seinen reißenden Flüssen und zahlreichen Wasserfällen bietet das Tessin die besten Voraussetzungen fürs Canyoning. In kleinen Gruppen und Neoprenanzügen läuft man durch Schluchten, Flussläufe entlang, seilt sich Wasserfälle hinunter und springt ins kalte Wasser. Das Schöne an dieser Sportart ist, dass sie einen an Plätze bringt, wo keine Straße, kein Weg und nicht mal Pfade hinführen. Vorkenntnisse braucht man keine, nur Mut, etwas Geschick und einen guten Guide.

Internet: www.outdoorticino.ch
Tel: 0041 (0)79 7640167
Preise: 2,5 – 4,5 Std. ab 140 CHF

Segeln

Die Seen prägen die Tessiner Landschaft mindestens ebenso sehr wie die sie umgebenden Berge. Der Lago Maggiore, der Luganersee und der Comersee – von jedem Berghang sieht man ihre blau funkelnde Oberfläche und bei manch einer schweißtreibenden Wanderung wünscht man sich, man wäre viele Kilometer weiter unten und könnte sich in das erfrischende Nass stürzen. Mindestens einen Tag am Wasser sollten Sie bei Ihrer perfekten Woche im Tessin unbedingt einplanen, z.B. auf dem Segelboot. An jedem der drei großen Seen können Sie sich mit einem Segelschein ein Boot mieten und den Tag auf dem Wasser verbringen. Wer etwas mehr Zeit hat, kann auch Segelunterricht nehmen. Wer einfach nur genießen und nichts tun möchte, kann sich zum Segelboot noch einen Kapitän dazu mieten, z.B. bei der Familie Meier am Lago Maggiore, die bereits seit über dreißig Jahren im Geschäft ist.

Asconautica Scuola vela Ascona
Via Muraccio 108, 6612 Ascona/
Schweiz, Tel: 0041 (0)91 7915185
Internet: www.asconautica.ch

UNESCO WELTKUTURERBE

Burgen von Bellinzona

Die Wehranlage in Bellinzona besteht aus drei Burgen: Castelgrande, Castello di Montebello und Castello di Sasso Corbaro. Des Weiteren gehören die Stadtmauer und die Murata-Wehrmauer zur Anlage. Die Anlage, deren Ursprünge bis in die Spätantike zurückreichen, entstand in ihrer heutigen Form im 15. Jahrhundert und ist das wichtigste Beispiel mittelalterlicher Befestigungsbaukunst in der Schweiz. Die Herzöge von Mailand wählten Bellinzona zu ihren imposanten Festungen, da es einer der strategisch wichtigsten Punkte in der Region ist. In kaum einem anderen südlichen Alpenausgang laufen

so viele Passrouten zusammen wie in der Talenge von Bellinzona.
Von hier aus hat man Zugang zu den Übergängen Gotthard-, San Bernardino-, Lukmanier- und Nufenenpass. Es ist das Tor zu Italien, weswegen die Herzöge von Mailand besondere Sorgfalt in den Bau der Talsperre steckten, um die Eidgenossen davon abzuhalten, nach Süden vorzurücken. Wie die Geschichte zeigt, war dieses Unterfangen erfolglos, was die Faszination dieser monumentalen Gemäuer jedoch nicht schmälert.

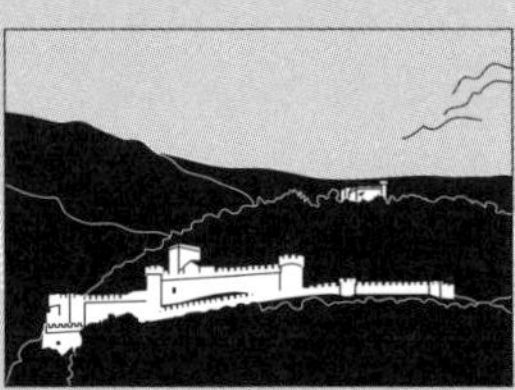

Die erste Burg, Castelgrande, kann vom Stadtzentrum aus mit einem Lift auf der Piazza del Sole erreicht werden oder zu Fuß von der Piazza Collegiata ausgehend. Die Burg beherbergt heute ein Museum zur Stadtgeschichte, das sehr interessant, doch nicht so faszinierend ist wie die Aussicht, die sich dem Besucher vom Castelgrande aus bietet.

Auch in der zweiten Burg, Montebello, befindet sich heute ein Museum. Hier werden historische und archäologische Ausstellungsstücke gezeigt. Um die Burg zu erreichen, muss man erst wieder vom Castelgrande in die Altstadt hinabsteigen und dann von der Piazza Collegiata den Weg rechts von der Kirche nehmen.

Der Anstieg zur dritten Burg, dem Castello di Sasso Corbaro, ist am beschwerlichsten. Von der Burg Montebello aus gibt es einen Fußweg, der teils durch Weinreben, teils auf der Straße entlangführt. Umso schöner ist dafür die Aussicht von hier oben auf die flache Magadino-Ebene und die Berge. Von Ende März bis Ende Oktober werden auf der Burg Ausstellungen gezeigt.

Öffnungszeiten: März – Juni: 10.00 – 18.00 Uhr, Juli – August: 10.00 – 19.00 Uhr (Donnerstag bis 21 Uhr), September – Oktober: 10.00 – 18.00 Uhr, November – März: 11.00 – 16.00 Uhr

Monte San Giorgio

Der Monte San Giorgio liegt zwischen den beiden südlichen Armen des Luganersees und wurde 2003 zum UNESCO Weltkulturerbe erklärt. Der 1097 m hohe Berg ist die weltweit bedeutendste Fundstelle für marine Fossilien. Vor 200 Millionen Jahren

war er umgeben von einer Meeresbucht, vom offenen Meer jedoch teilweise getrennt. Das machte sein Gewässer und seine Ufer zu dem idealen Lebensraum für Meeresbewohner. Im Fossilienmuseum in Meride wird auf vier Stockwerke verteilt die große Vielfalt an Lebewesen vorgestellt, die vor 245 bis 180 Millionen Jahren das damalige Meer und seine Küsten im Südtessin bevölkerten.
Nicht nur der Besuch des Fossilienmuseums lohnt sich: Meride ist ein süßes, kleines Städtchen mit Kopfsteinpflastergassen und verwinkelten, alten Häuschen. Außerdem bietet der Monte San Giorgio eine pittoreske Aussicht auf den Luganer- und Melanosee.

Via Bernardo Peyer 9, 6866 Meride/ Schweiz, Tel.: 0041 (0)91 6400080
Internet: www.montesangiorgio.org
Öffnungszeiten: Dienstag – Sonntag 9.00 – 17.00 Uhr, Montag geschlossen

BEI SCHLECHTEM WETTER

Termali Salini & Spa Locarno

Die Therme in Locarno ist eine Oase. Hier kann man es sich bei schlechtem Wetter stundenlang gut gehen lassen und trotzdem die alpine Umgebung genießen, denn die Therme liegt direkt am Lago Maggiore mit herrlichem Panorama auf die Berge, die sich am Uferrand in die Höhe ziehen. Auf 400 m^2 findet man Schwimmbecken mit Salzwasser, Kneippstrecke, Ruhezonen, Massagen und Beautybehandlungen. Besonders schön ist die finnische Sauna mit ihrem herrlichen Seeblick. Ein leises, beruhigendes Rauschen durchdringt alle Räume – es ist der Wasserfall, der sich vom ersten Stock ins Erdgeschoss ergießt. Beim Bau der Therme wurde großer Wert auf Lokalität gelegt in Form von Granit aus den Tälern und einheimischen Holz, wie Buche, Eiche und Robinie.

Lido Locarno Via Respini 7,
6600 Locarno/Schweiz,
Tel: 0041 (0)91 78696
Internet: www.lidospa-locarno.ch
Öffnungszeiten: Täglich 9.00 – 21.30 Uhr

Kurhaus Cademario / DOT.Spa

Nicht weniger gut ergeht es einem im Spa des Kurhauses Cademario, gelegen in den Bergen von Lugano. Umgeben von frischer Bergluft hat man einen atemberaubenden Blick auf den See und die gegenüberliegenden Berge. Es ist der perfekte Ort um runterzukommen und sich zu entspannen. Im Spa-Bereich finden Sie ein Sole-Kontrastbad mit Unterwassermusik, eine Salzgrotte, Whirlpools, einen Strömungskanal und Sprudelbänke, ein Hamam, eine finnische Sauna, ein Salz-Tepidarium, mehrere Ruheräume und vieles mehr.

Der Spa-Bereich wurde nach geomantischen Kriterien geplant und die 5 Elemente (Feuer, Wasser, Erde, Metall und Holz) wurden integriert, in Form von Wasserfällen, lodernden Kaminen und flackernden Kerzen, Birkenholz, Tuff und Steinwänden.

Durch seine exklusive Lage auf dem Berg ist der DOT.Spa etwas ruhiger und weniger frequentiert als die Termali Salini.

Via Kurhaus, 6936 Cademario/
Schweiz, Tel. 0041 (0)91 6105111
Internet: www.kurhauscademario.com
Öffnungszeiten: Montag – Sonntag: 10:00 – 19:00 Uhr (Außenbecken Sommermonate: 8.30 – 20.00 Uhr)
Preise: Day Spa ab 50 CHF

FESTE UND FESTIVALS

In den Sommermonaten verwandelt sich das Tessin in eine riesige Open-Air-Bühne mit Live-Konzerten, Filmvorführungen und Klaviermusik unterm Sternenhimmel. Doch auch im Herbst wird der Wunsch der Tessiner nach Geselligkeit nicht schwächer und sie organisieren zahlreiche Märkte und Feste. Die folgenden Festivals und Feste sollten Sie nicht verpassen, wenn Sie zu dieser Zeit in der Region sind:

Moon and Stars

Für zehn Tage im Juli verwandelt sich die Piazza Grande in eine Open-Air-Bühne für Pop- und Rockstars. Rund zehn Konzerte umfasst das Festival, das zu einem der schönsten Europas gehört. Grund dafür ist sowohl die spektakuläre Kulisse der Altstadt von Locarno, die sorgfältig ausgewählten Künstler, zu denen Größen wie James Blunt, Jack Johnson und Amy Macdonald zählen, als auch die lauen Tessiner Sommernächte.

Piazza Grande, 6600 Locarno/Schweiz
Internet: www.moonandstars.ch
Zeitraum: Jährlich im Juli

JazzAscona

Einmal im Jahr findet eine ungewöhnliche Verbindung statt, und zwar immer dann, wenn in der kleinen Tessiner Stadt das Jazz-Festival ausgetragen wird. Für zehn Tage scheint Ascona dann näher an New Orleans zu sein als an Zürich oder Basel. Die besten Jazzmusiker der Welt sind jeden Juli zu Gast am Lago Maggiore: Legenden aus New Orleans genau wie die wichtigsten Künstler der Hot-Jazz-Szene in Europa und den Vereinigten Staaten. Über 200 Konzerte, die von Swing bis Mainstream, von Ragtime bis Gospel, mit Ausflügen zum Blues, R&B, Soul oder Funk reichen, lassen die Stadt für kurze Zeit zum Mekka für Jazzfans werden.

Internet: www.jazzascona.ch
Zeitraum: Jährlich im Juli

Estival Jazz Mendrisio und Lugano

Nicht minder bunt und hochkarätig geht es am Nachbarsee in Lugano zu, wenn sich hier im Sommer Stars und ihre Fans zum Estival Jazz treffen. Was vor mehr als 30 Jahren als Jazzfestival begann, ist zu einem Festival angewachsen, das verschiedene Genres, wie Jazz, Blues, Pop, Soul, Funk, Rock und World Music, vereint. Ein besonderer Pluspunkt dieses Festivals ist, dass die Open-Air-Konzerte kostenlos sind.

Mendrisio: Piazzale alla Valle und
Lugano: Piazza Riforma
Internet: www.estivaljazz.ch
Zeitraum: Jährlich im Juli

Projekt Martha Argerich/
Lugano Festival

Seit einigen Jahren lockt Lugano international bekannte Pianisten und Liebhaber der klassischen Musik in die Stadt. Die argentinische Pianistin Martha Argerich richtet einmal im Jahr das Lugano Festival aus, auf dem sie gemeinsam mit renommierten Künstlern als auch mit Newcomern und Studenten musiziert. Das Tessin wird zur Ideenwerkstatt und zum Übungsraum. Die Öffentlichkeit kann in Form von Konzerten und Workshops daran teilhaben.

Via Foce 1, 6900 Lugano/Schweiz
Tel.: 0041 (0)58 8664830
Internet: www.luganofestival.ch
Zeitraum: Das Festival findet jährlich in den Monaten April – Juni statt.

Filmfestival Locarno

Einmal im Jahr findet in Locarno das Filmfestival statt und die Stadt wird für ein paar Tage zu einem gigantischen Freiluftkino. (Siehe Kapitel 13 / S. 102)

Rabadan

Rabadan ist die Tessiner Fasnacht, die Bellinzona in ein Narrenhaus verwandelt. Mit über 150 000 Menschen hat Bellinzona nach Basel den größten Karneval der Schweiz. Fünf Tage lang feiern die Tessiner den Karneval. Höhepunkt ist der große Umzug am Sonntag, der sogenannte Corteo, an dem rund fünfzig Wagen und Guggengruppen teilnehmen.
Weitere feste Bestandteile des Rabadans sind Maskenwettbewerbe, Seilziehturniere, Straßentheater und Risotto-Essen.

Internet: www.rabadan.ch
Zeitraum: Jährlich Donnerstag bis Dienstag vor Aschermittwoch.

Herbstfest in Lugano.

Immer am ersten Oktoberwochenende findet in Lugano das jährliche Herbstfest statt und beendet die Sommersaison. Das Fest verteilt sich in der ganzen Stadt: Auf der Piazza della Riforma stehen Spielangebote für Kinder bereit, durch die Straßen der Innenstadt ziehen sich Marktstände, die typisch regionale Produkte und Kunsthandwerk anbieten, von überall klingt die Tessiner Volksmusik, es werden kostenlose Rundgänge und Schiffsfahrten angeboten und im Stadtzentrum haben sich die Grotti aus dem Umland zusammengetan und bieten kulinarische Köstlichkeiten an.

Internet: www.luganoturismo.ch/festadautunno
Zeitraum: Jährlich am ersten Oktoberwochenende

Castagnata – Kastanienfest

Überall im Tessin feiert man im Oktober die Kastanie, die über Jahrhunderte hinweg die Menschen der Region ernährt hat. Die Feste gleichen einem Markt – überall sind Stände, an denen man unterschiedliche Kastanienprodukte probieren kann, wie geröstete Marroni, Marmelade, Honig, Torten, Eis und vieles mehr. Das schönste Kastanienfest soll das in Ascona sein. Im Schnitt werden hier jährlich über 2000 kg Kastanien über dem Feuer geröstet, dazu gibt es Livemusik.

Zeitraum: Anfang Oktober

BUCHTIPP

Max Frisch: „Der Mensch erscheint im Holozän"

Die Erzählung „Der Mensch erscheint im Holozän" des Schweizer Schriftstellers Max Frisch aus dem Jahr 1979 entstand im Onsernone-Tal. Der Protagonist des Buches, Herr Geiser, wird durch ein tagelanges Unwetter, das über seinem einsamen Bergdorf tobt, abgeschnitten von dem Rest der Welt. Ein Bergrutsch, der das Dorf endgültig von der Landkarte tilgen würde, scheint nicht mehr unmöglich und Herrn Geisers Situation wird immer aussichtsloser. Einen Fluchtversuch durch ein anderes Tal bricht er ab. Er ist mit sich und der Natur allein. Sein Mittel gegen die Machtlosigkeit ist der Rückzug in Bücher, in Lexika genau genommen, aus denen er Artikel ausschneidet und sich an die Wand heftet. Es ist der Versuch, mit Logik gegen die Unberechenbarkeit der Natur gewappnet zu sein. „Der Mensch erscheint im Holozän" aus dem Spätwerk von Max Frisch spielt hauptsächlich im Onsernone- und dem benachbarten Maggia-Tal. Die Wiedererkennung von Orten und Naturbegebenheiten ist garantiert. Es ist eine anspruchsvolle und fesselnde Lektüre – perfekt für gemütliche Stunden am Kamin in einem urigen Steinhaus irgendwo in den Tessiner Bergen.

Giovanni Orelli: „Der lange Winter. Eine Erzählung aus den Tessiner Bergen"

Der in Bedretto geborene Schriftsteller Giovanni Orelli studierte in Mailand und Zürich und war Lehrer in Lugano, wo er auch heute noch lebt. Neben zahlreichen Erzählungen und Gedichtbänden veröffentlichte Orelli mehrere Romane. Zu seinen bekanntesten Werken gehört sein Erstling „Der lange Winter. Eine Erzählung aus den Tessiner Bergen", der 1965 auf Italienisch veröffentlicht wurde. Ähnlich wie Max Frisch setzt auch der Schweizer Schriftsteller sich mit der Thematik Natur und Mensch auseinander. In dem Roman schildert Orelli die Bedrohung eines kleinen Dorfes im Bedretto-Tal im Tessin durch gewaltige Schneemassen. Die Dorfbewohner müssen sich entscheiden, ob sie bleiben und der Natur trotzen oder ihre Heimat verlassen und sich ins sichere Tal zurückziehen wollen.

Alfred Andersch: „Efraim"

Alfred Andersch (1914-1980) erlebte den zweiten Weltkrieg teilweise in Deutschland, teilweise an der Front. In den 30er-Jahren war er aktiv in der KPD tätig, doch nachdem die Nazis in Deutschland immer mehr an Macht gewannen, gab er seine politische Arbeit auf und arbeitete als Werbetexter. Nebenbei begann er zu schreiben. Doch immer wieder verhinderte der Krieg eine ernsthafte und kontinuierliche Arbeit als Schriftsteller. Erst nach dem Krieg und der Gefangenschaft durch die Amerikaner hatte er die Ruhe, sich als Schriftsteller zu etablieren. 1958 zog er nach Berzona im Onsernone-Tal in die Nachbarschaft von Max Frisch und Golo Mann. In der Ruhe und Abgeschiedenheit der Schweizer Berge entstanden die drei Romane „Efraim", „Die Rote" und „Winterspelt" sowie zahlreiche Erzählungen. 1980 starb Alfred Andersch an Nierenversagen. Er liegt auf dem Friedhof von Berzona begraben. In vielen seiner Werke ist das zentrale Thema die Willensfreiheit des Einzelnen, insbesondere im Bezug auf die zerstörten Gesellschaften im Zuge des Zweiten Weltkrieges. So auch in „Efraim". In seinem Roman lässt Andersch einen emigrierten jüdischen Journalisten an seinen Selbstzweifeln und an der Tragweite seiner Entscheidungen zerbrechen.

FILMTIPP

„Die schwarzen Brüder" (2013)

Die Jugendbuchverfilmung des gleichnamigen Romans von Lisa Tetzner erzählt die Geschichte armer Bauernkinder, die aus ihrer Heimat in den Bergen nach Mailand verschleppt und

verkauft werden wie Sklaven. Protagonist der Geschichte ist Giorgio, der in Mailand unter menschenunwürdigen Bedingungen als Schornsteinfeger arbeiten muss. Über den Dächern der Stadt lernt er andere Jungen kennen, die sein Schicksal teilen, und wird in die Gang der schwarzen Brüder aufgenommen. Gemeinsam sind sie stark und ziehen in bester Robin-Hood-Manier gegen ihre Peiniger ins Feld.
Verfilmt wurde der Roman von dem Schweizer Regisseur und Oscar-Preisträger Xavier Koller. Als Nebenschauplatz zu Mailand hat er die Tessiner Berge gewählt und begeistert mit imposanten Landschaftsaufnahmen.

„James Bond: Golden Eye" (1995)
Die berühmteste Filmszene, die wohl jemals im Tessin gedreht wurde, entstand in den Neunzigerjahren am Lago di Vogorno. Direkt in der ersten Szene des Kultfilmes „James Bond – Golden Eye" springt 007 von der Verzasca-Staumauer, die stellvertretend für die fiktive Chemiewaffenfabrik Archangelsk in der Sowjetunion steht. Die Staumauer ist auch heute noch ein beliebtes Ausflugsziel für Touristen. Wer möchte, kann sich wie James Bond, nur mit Bungee-Seil, von der Staumauer stürzen.

PERSÖNLICHKEITEN

Dimitri (*1935)
Einer der lustigsten und auch bekanntesten Menschen des Tessins ist Jakob Dimitri, Sohn des Bildhauers und Architekten Werner Jakob Müller. Geboren wurde er 1935 in Ascona. Bereits mit sieben Jahren, während eines Zirkusbesuchs, beschloss er selbst Clown werden zu wollen. Nach der Schule nahm er Unterricht in Ballett, Schauspiel und Akrobatik. Zur Vertiefung seiner Kenntnisse ging er nach Paris und studierte Pantomime bei Étienne Decroux. Nach einigen Jahren auf verschiedenen Bühnen der

Welt heiratete er Gunda und gründete mit ihr ein Theater in Verscio, das Teatro Dimitri, und kurze Zeit später die berühmte Scuola Teatro Dimitri. Mittlerweile ist aus diesem Ensemble ein Kulturzentrum mit einer Theaterschule, einem festen Theater mit zwei Spielsälen, einem eigenen Ensemble und einem Museum geworden. Im angrenzenden Restaurant treffen sich Theaterfreaks, Museumsbesucher, Künstler, Kultur- und Theaterinteressierte aus aller Welt, aber auch Touristen und Wanderer. Es ist eine feste Kulturinstitution, sowohl im Tessin als auch im Rest der Welt. Das Teatro Dimitri ist in den letzten dreißig Jahren zu einem der meistbespielten und wichtigsten Kleintheatern der Schweiz geworden.

6653 Verscio/Schweiz
Tel: 0041 (0)91 7962544
Internet: www.teatrodimitri.ch
Öffnungszeiten: Montag – Freitag
9.00 – 12.00 Uhr und 14.00 – 17.00 Uhr

Mario Botta (*1943)

Kein anderer prägt die architektonische Landschaft des Tessins im selben Maße wie Mario Botta. Die Kirche von Mogno im Maggia-Tal, die Kellerei Moncucchetto in Lugano, die Kirche von Monte Tamaro, die Bibliothek des Kapuzinerklosters oder die Banca del Gottardo in Lugano sind alles Bauten des Schweizer Meisterarchitekten. Mario Botta wurde 1943 in Mendrisio im Tessin geboren. Nach einer Lehre als Hochbauzeichner studierte er Architektur am IUAV Istituto Universitario d'Architettura di Venezia. Während seiner Ausbildung machte er die Bekanntschaft von bedeutenden Architekten wie Carlo Scarpa, Le Corbusier, Louis I. Kahn und Luigi Snozzi, deren Einfluss noch heute in seinen Werken sichtbar ist.

Sein Baustil ist geprägt von einfachen geometrischen Formen mit unterbrochenen Linien und einer Vorliebe zu Baumaterialien wie Naturstein, Backstein und Beton. Botta wird als Schöpfer und Gründer der „Neuen Tessiner Architektur" angesehen.

MEINE PERFEKTE WOCHE

Montag:

Dienstag:

Mittwoch:

Donnerstag:

Freitag:

Samstag:

Sonntag:

NOTIZEN

NOTIZEN

NOTIZEN

NOTIZEN

NOTIZEN

LUST AUF DAS WELTWEIT BESTE?

Die Buchreihen „Ein perfektes Wochenende ..." und „Eine perfekte Woche ..." werden vom Online-Travelguide www.smart-travelling.net in Kooperation mit Süddeutsche Zeitung Edition herausgegeben.

Auf smart-travelling.net gibt es:

- Handverlesene und aktuelle Tipps und Adressen für über 50 Städte und Regionen
- Blog mit kulinarischen Highlights und spannenden Interviews
- Direkte Buchungsmöglichkeit von Hotels

Reisen Sie mit uns um die Welt!

facebook.com/smarttravelling

instagram.com/smarttravelling

NOTIZEN